Knit Love 공모전 수상작
손뜨개 소품집

니트러브 엮음

예신 Books

책머리에...

어릴 적 뜨개하시는 엄마 옆에서 놀이하듯 자연스레 손뜨개를 접하게 되었습니다. 어머니께서 뒷산 대나무를 손수 깎아 만드신 투박한 바늘과 짜투리 실, 손뜨개를 위한 재료는 그게 전부였지만, 그것만으로 부족함이 없었습니다.

이제는 다양한 소재의 실과 바늘뿐만 아니라 인터넷에 넘쳐나는 많은 정보들로 손뜨개 환경이 풍성해졌습니다. 그러나 그 많은 정보들의 대부분이 해외 니터들의 것이라는 아쉬움이 컸습니다.

2회째를 맞이하는 니트러브 소품 공모전을 보면서 세계적으로도 인정받는 섬세한 손재주와 기발한 감각을 바탕으로 창의적인 작품을 표현해 내는 니터들이 얼마나 많은지 놀랍고도 반가웠습니다.

앞으로도 니트러브 소품 공모전이 더욱 성장하여 서로의 정보를 공유하고 우리 니터들의 창작 활동이 활발해질 수 있는 기회가 많이 주어졌으면 좋겠습니다.

홍 명 자   mj홍

Contents

청춘의 꿈
대상 김 현 심

작품 8 쪽
뜨는 법 50 쪽

러브~러브~
금상 김 현 옥

작품 10 쪽
뜨는 법 52 쪽

세레나데
김 현 옥

작품 11 쪽
뜨는 법 53 쪽

새로움.익숙함.정겨움
김 현 옥

작품 12 쪽
뜨는 법 55 쪽

자만심
금상 조 향 미

작품 13 쪽
뜨는 법 56 쪽

고양이와 나비가 있는 풍경
조 향 미

작품 14 쪽
뜨는 법 57 쪽

플라워 키친매트
조 향 미

작품 15 쪽
뜨는 법 60 쪽

헥사곤 발매트
조 향 미

작품 16 쪽
뜨는 법 61 쪽

러블리 반짇고리
금상 현 명 자

작품 17 쪽
뜨는 법 62 쪽

모세바구니(아기요람)
금상 김 명 순

작품 18 쪽
뜨는 법 63 쪽

러블리매트와 쿠션
김 명 순

작품 19 쪽
뜨는 법 64 쪽

가을바람 카펫
은상 김 은 영

작품 20 쪽
뜨는 법 65 쪽

블랭킷
(부제 : 친정엄마)
은상 김 혜 경

작품 21 쪽
뜨는 법 66 쪽

곰 세 마리가 한 집에 있어~
은상 윤 주 영

작품 22 쪽
뜨는 법 68 쪽

눈꽃 로맨틱 카펫
은상 최 순 자

작품 23 쪽
뜨는 법 71 쪽

꽃밭에서
동상 오 성 숙

작품 24 쪽
뜨는 법 73 쪽

켈트 매트
무릎담요와 쿠션

오 성 숙

작품 25 쪽
뜨는 법 76 쪽

오프라의 외출
(모자와 가방)

동상 이 경 숙

작품 26 쪽
뜨는 법 79 쪽

가을 낙엽 바구니

이 경 숙

작품 28 쪽
뜨는 법 81 쪽

Daily Tread (맨날 밟아!)

동상 이 지 현

작품 29 쪽
뜨는 법 82 쪽

북유럽스타일 크로쉐 러그
(블랙홀 다이아몬드)

동상 장 미 영

작품 30 쪽
뜨는 법 83 쪽

꽃봉오리 카시트

동상 최 명 옥

작품 31 쪽
뜨는 법 84 쪽

맛있는 과일
(컵받침과 수세미)

입선 강 동 순

작품 32 쪽
뜨는 법 86 쪽

봄빛 러그

입선 김 명 옥

작품 33 쪽
뜨는 법 87 쪽

빙글빙글
그라데이션 블랭킷

입선 김 은 경

작품 34 쪽
뜨는 법 89 쪽

시원한 현관 발매트

입선 배 경 숙

작품 35 쪽
뜨는 법 90 쪽

상큼한 모티브 티슈 커버

배 경 숙

작품 36 쪽
뜨는 법 91 쪽

사랑의 꼬불이 소파 커버

배 경 숙

작품 37 쪽
뜨는 법 92 쪽

아름다운 사랑의 장미

입선 이 유 진

작품 38 쪽
뜨는 법 93 쪽

넉넉한 호보백

입선 장 미 선

작품 39 쪽
뜨는 법 94 쪽

물병주머니

초청작 홍 명 자

작품 40 p
뜨는 법 95 쪽

심플 미니백

초청작 홍 명 자

작품 41 쪽
뜨는 법 96 쪽

허니문 러너

초청작 김 미 정

작품 42 쪽
뜨는 법 97 쪽

스프링 스퀘어 블링킷

초청작 유 혜 숙

작품 43 쪽
뜨는 법 99 쪽

헥사곤 블랭킷

초청작 유 혜 숙

작품 44 쪽
뜨는 법 100 쪽

바바리안 블랭킷

초청작 유 혜 숙

작품 45 쪽
뜨는 법 101 쪽

빈티지 블랭킷

초청작 한 재 선

작품 46 쪽
뜨는 법 102 쪽

보송보송 침대매트
& 베갯잇

초청작 한 재 선

작품 47 쪽
뜨는 법 103 쪽

Chapter 1
수상 작품

대상

청춘의 꿈

김 현 심 지은마미

젊은날의 치기와 방황, 도전을
표현하고자 하였다.

실이 굵어서 너무 힘을 주어 뜨면
더 힘들기 때문에 편안히 힘을 빼고
뜨개하는 것이 좋다.

사용실과 사용량 : 스타킹 10팩(1팩 850g)
사용도구 : 줄바늘 9mm
사이즈 : 160cm x 200cm
난이도 : ★★☆☆☆
뜨는 법 : 50쪽

금 상

러브~러브~ 김현옥 하늘여자

정과 사랑이 함께하고 이야기가 있는 집을 하트무늬의
로맨틱함으로 표현하였다.

양쪽에서 만들어지는 무늬라 처음에 단만 신경을 써서 뜨면
무늬가 반복되어 그리 어렵지 않다.

사용실과 사용량 : 24합 면사 1,200g, 18합 면사 빨강 700g, 18합 녹색 600g
사용도구 : 모사용 코바늘 4/0호
사이즈 : 90cm x 143cm
난이도 : ★★★★☆
뜨는 법 : 52쪽

세레나데 김 현 옥 하늘여자

희망과 사랑이 담긴 노래를 커튼으로 표현하였다.

무늬와 무늬 사이의 사슬모양을 연결해서 뜨고 끝부분에 줄임만 신경써서 만든다.

사용실과 사용량 : 18합 면사 720g　사용도구 : 모사용 코바늘 5/0호
사이즈 : 86cm x 147cm　난이도 : ★ ★ ☆ ☆
뜨는 법 : 55쪽

KnitLove | 니터들의 놀이터

새로움. 익숙함. 정겨움

김 현 옥 하늘여자

설레임이 가득한 신혼집과 익숙함이
함께하는 중년이나 황혼, 그 어떤
집에서도 정겨움을 느낄 수 있고
겨울에는 따스함을 여름에는 시원함을
함께하고 싶어 만든 카펫이다.

반복되는 무늬라서 어렵지 않으면서도
적당히 가지런하게 표현된다.

사용실과 사용량 : 24합 면사 2,200g
사용도구 : 모사용 코바늘 5/0호
사이즈 : 112cm × 190cm (21코 4단 한 무늬)
난이도 : ★ ★ ★ ☆ ☆
뜨는 법 : 55쪽

자만심

금상
조 향 미 맨디

3가지 색상이 조화를 잘 이루고 있는 레드와 옐로우, 블랙의 화려한 발매트이다.

도안을 잘 주시하여 틀리지 않도록 주의한다.

사용실과 사용량 : 혼방사(아크릴 70%, 울 30%), 검정 600g, 빨강 400g, 노랑 400g
사이즈 : 86cm x 50cm
사용도구 : 모사용 10/0호
뜨는 법 : 56쪽

고양이와 나비가 있는 풍경

조 향 미 맨디

장난스러운 고양이 2마리가 서로 장난을 치다 토라지고, 결국 결별을 고하고 떠나는 친구의 모습을 보면서 후회를 하며 우는 이야기를 커튼에 담았다. 올해 중학교에 들어간 사랑하는 딸을 위해 만든 커튼이다. 사랑하는 딸의 방 안에 이 이야기를 담은 이유는 친구의 소중함을 늘 기억하고 친구와 사이좋게 지내라는 교훈을 주기 위해서이다. 각 커튼의 메인 바탕에 각각 다른 캐럭터의 고양이를 표현했으며, 방안뜨기의 자칫 평범해 보일수 있는 커튼의 엣징은 나비로 표현하였다. 소녀풍의 대명사 핑크빛으로 마지막 마무리를 하고 나풀거림으로 나비의 즐거움을 한층 더해주었다.

도안을 잘 주시하여 틀리지 않도록 주의한다.

사용실과 사용량 : 18합 면사, 노랑 약 3,000g, 18합 면사, 핫핑크 약 600g
사용도구 : 모사용 코바늘 5/0호   게이지 :10cm X 10cm (7칸 x 8단)
사이즈 : 132cm x 187cm   난이도 :★ ★ ★ ☆ ☆
뜨는 법 : 57쪽

플라워 키친매트

조 향 미 맨디

사용실과 사용량 : 혼방사(아크릴 70%, 울 30%), 블랙 700g
블루그린 200g, 옐로우 200g
사용도구 : 모사용 코바늘 10/0호
뜨는 법 : 60쪽

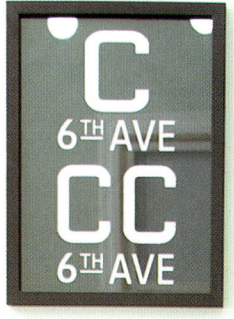 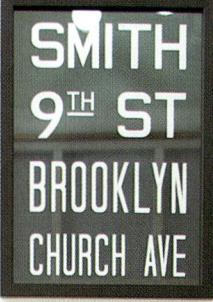 

헥사곤 발매트

조 향 미 맨디

사용실과 사용량 : 혼방사(아크릴 70% 울 30%) 검정 500g, 빨강 300g
사용도구 : 모사용 코바늘 7/0호
뜨는 법 : 61쪽

금 상

러블리 반짇고리

현 명 자 오하라

넓게 1→2→3으로 늘어 놓을 수도 있지만 3층으로 탑처럼 쌓아 놓을 수도 있게 1, 2는 손잡이를 새우뜨기로 납작하게 만들었다. 혹시 케이크가 필요한 어떤 날에 미처 준비하지 못했다면 케이크인 양 대신 내놓을 수도 있으니 어찌 러블리하지 않을까. 그래서 니트러브에서 러브를 잠시 빌려 '러블리 반짇고리'라고 이름붙였다.

비교적 손쉬운 무늬라 작품 완성 시간을 단축시킬 수 있으며, 안쪽에 옆판을 넣을 때 맨 위까지 넣지 말고 두 단 정도 밑에서 마무리해야 바디 끝이 안으로 오므라들어 가 뚜껑이 자연스럽게 덮인다.

패키지 구성 : 24합 색사
        1. 진분홍 + 보라 = 2겹으로 합사
        2. 맑은파랑 + 진분홍 = 2겹으로 합사
        3. 보라 + 맑은파랑 = 2겹으로 합사
부자재 : 흰색 옆판, 징, 안감
사용도구 : 모사용 코바늘 7/0호
난이도 : ★ ★ ★ ☆ ☆
뜨는 법 : 62쪽

금 상

모세바구니 아기요람

김 명 순 시몽

아기를 재울 수도 있고 커서는 인형집을 꾸며 장난감으로 가지고 놀 수도 있는 입체적인 것을 손뜨개로 표현해 보고자 하였다.

늘릴 때 손에 따라 늘리는 것이 울리불리해지지 않도록 조정해야 한다.

사용실과 사용량 : 24합 색사 2겹 사용
부자재 : 가방매쉬 밑판용 3개, 옆판용 6개, 레이스 4야드, 원단 1마
사용도구 : 모사용 코바늘 8/0호
사이즈 : 밑면 33cm x 58cm, 높이 22cm
난이도 : ★ ★ ★ ☆ ☆
뜨는 법 : 63쪽

러블리 매트와 쿠션

김 명 순 시몽

순면의 쿠션감있는 매트이다. 2겹의 실로 이랑뜨기하여 세탁기에 돌려도 될 만큼 튼튼하다.

테두리를 짧은뜨기할 때 울지 않도록 짧은뜨기의 코를 증감한다.
쿠션의 솔방울뜨기한 원형은 쿠션솜을 넣은 후 맨 마지막에 꿰맨다.

패키지 구성 : 24합 색사 4,500g
부자재 : 쿠션용 솜
사용도구 : 모사용 코바늘 6/0호, 10/0호, 돗바늘
난이도 : ★★★☆☆
뜨는 법 : 64쪽

은 상

블랭킷(부제:친정엄마)

김 혜 경 빨간망토

싱글침대커버나 소파덮개로 사용하기 좋은 모티브 블랭킷이다.

모티브 작업과 잇는 작업을 같이 하기 때문에 완성사이즈 조절이 쉽고 완성도도 높다.

사용실과 사용량 : 21합 색사 1,800g
사용도구 : 모사용 코바늘 5/0호
뜨는 법 : 66쪽

은상
곰 세 마리가 한 집에 있어

윤주영 슈에이

'숲 속 푸른 나무들 사이에 빨간 지붕이 예쁜 벽돌집에 아빠 곰, 엄마 곰, 애기 곰이 함께 살고 있어요. 커다랗고 듬직한 아빠 곰, 파이 만들기가 특기인 엄마 곰, 그리고 아빠를 따라하는 게 제일 좋은 아기 곰. 오늘도 포근한 집에서 사랑이 넘치는 곰 가족은 행복하답니다.' 이와 같은 곰 가족의 즐거운 일상을 그려 넣은 무릎담요로 하나의 작품 속에 이야기를 표현하고 싶었다. 사랑과 포근함, 즐거운 이야기가 덮는 분들에게 전해질 것이다.

- 엄마곰 앞치마의 비즈는 미리 인디핑크 실에 꿰어두어 따로 연결할 필요 없이 뜨면서 동시에 비즈를 위치시킨다.
- 배색 무늬를 넣을 때, 인따르시아 기법을 이용하면 훨씬 가볍고 깔끔하다.
- 가운데의 곰 가족 그림 위의 하트 4개처럼 작으면서 사이 간격이 큰 무늬와 얼굴의 눈, 코 처럼 작은 무늬의 경우에는 덧수를 놓아주는 것도 좋은 방법이다.

사용실과 사용량 : 모사 6컬러, 흰색 225g. 검정 45g, 연베이지 135g, 밤색 90g, 빨강 90g, 인디핑크 45g
부자재 : 4mm 비즈 14개 , 돗바늘 1개
사용도구 : 줄바늘 3.5mm
사이즈 : 94cm × 64cm
각 모티브의 크기 : 15cm × 15cm
난이도 : ★ ★ ★ ☆ ☆
뜨는 법 : 68쪽

은 상

눈꽃 로맨틱 카펫 최순자 기분조은

눈꽃무늬 가득한 카펫에 앉아 커피를 마시는 여유로운 오후를 생각하며 만들었다.

사용실과 사용량 : 24합 면사 6,000g 정도
사용도구 : 모사용 코바늘 5/0호   사이즈 : 220cm x 150cm
뜨는 법 : 71쪽

동 상
꽃밭에서

오 성 숙 방글이

집에 있던 자투리 실을 이용해 만들었다.
배색을 어느 한 부분만 다르게 하고 나머지는 고정된
색을 쓰면 전체적으로 안정되고 정돈된 느낌이 든다.
활짝 펴진 꽃잎이 화사한 분위기를 보여주는 덮개이다.

사용실과 사용량 : 18합 여러 가지 색상 3,000g 정도
사용도구 : 모사용 코바늘 5/0호
난이도 : ★★★★☆
뜨는 법 : 73쪽

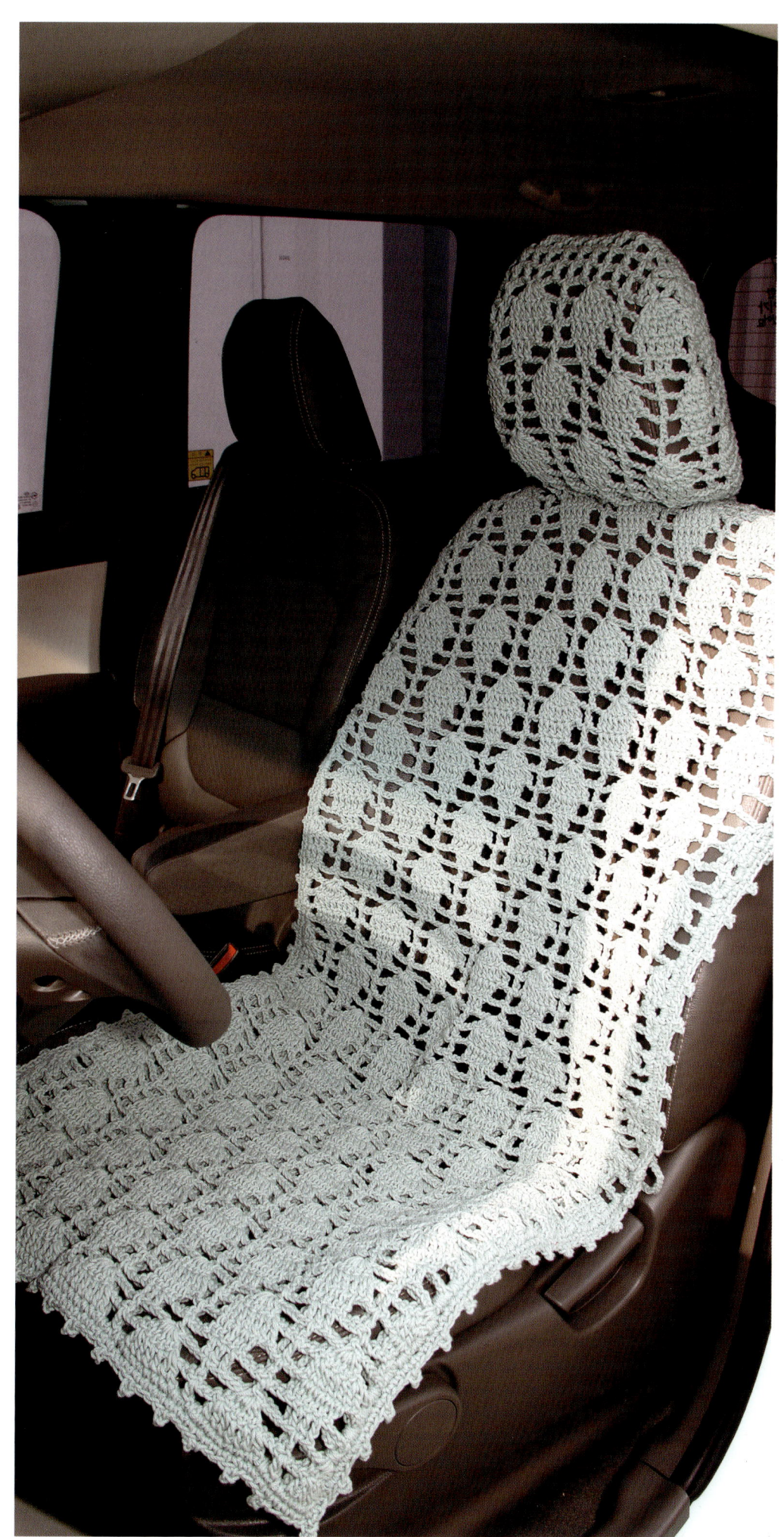

동 상
꽃봉오리 카시트

최 명 옥 이쁜나비

꽃봉오리 모양의 무늬가 은은한
분위기를 연출한다.

사용실과 사용량 : 24합 면사 1,500g

사용도구 : 모사용 코바늘 6/0호

뜨는 법 : 84쪽

입 선

맛있는 과일(컵받침과 수세미)

강 동 순 하얀나무

아크릴사를 이용해서 컵받침으로 쓰거나 수세미로
사용해도 좋고 소품으로 사용해도 좋다.

나뭇잎을 적당한 위치에 잘 달아주셔야 각 과일의 느낌이 살아난다.

사용실과 사용량 : 18합 면사, 아크릴사 여러 가지 색상

사용도구 : 모사용 코바늘 6/0호

난이도 : ★ ★ ☆ ☆ ☆

뜨는 법 : 86쪽

입선
봄빛 러그
김 명 옥 *깜찍한디테*

사용실과 사용량 : 24합 면사, 노랑 2,000g, 파랑 4,000g
사용도구 : 모사용 코바늘 6/0호
뜨는 법 : 87쪽

김 은 경 아이네스

블랭킷을 뜬 뒤 실정리의 번거로움을 최소화하고,
네가지 색상을 사용해 내추럴한 분위기를 살리면서
그라데이션 효과를 냈다.

편의상 마름모 양쪽 부분을 A와 B로 나누었다.

사용실과 사용량 : 아크릴 4가지색 (흰색, 베이지색, 다크베이지색, 진밤색)
사용도구 : 모사용 코바늘 8/0호 **사이즈** : 지름 120cm **난이도** : ★★☆☆☆
뜨는 법 : 89쪽

입선
빙글빙글 그라데이션 블랭킷

입선 시원한 현관 발매트

배 경 숙 뜨개마을

사용실과 사용량 : 24합 면사 (연두색 1,000g, 반짝이 1,000g) 사이즈 : 60cm x 26cm
사용도구 : 모사용 코바늘 6/0호 난이도 : ★ ★ ★ ☆ ☆
뜨는 법 : 90쪽

상큼한 모티브 티슈 커버

배 경 숙 뜨개마을

재료 : 모사나 울 종류 아무것이나 선택해도 된다(단, 같은 굵기로 실을 짜야한다).
진달래색 약간, 핑크색 약간(1/2), 검정(1/2), 아이보리나 회색(1/2), 초록색(1/2), 겨자색 1볼
사용도구 : 모사용 코바늘 5/0호
난이도 : ★ ★ ☆ ☆ ☆
뜨는 법 : 91쪽

사랑의 꼬불이 소파 커버

배경숙 뜨개마을

사용실과 사용량 : 24합 면사, 보라 4,000g, 연두 3,000g

사용도구 : 모사용 코바늘 5/0호

난이도 : ★★★★★

뜨는 법 : 92쪽

입선

아름다운 사랑의 장미

이 유 진 시원

아름다운 장미를 떠올리며 만들었으며, 시작 부분은 작은 장미넝쿨이, 중앙에는 큰장미 두송이가 자리하고 있다. 깔끔하게 완성하여 아름다운 레이스로 마무리하였다.

원판을 모두 완성하였다면 레이스를 떠야 한다. 레이스를 뜰 때에는 사방을 이랑뜨기 기법으로 떠야 레이스가 사방 모두 깔끔하게 덮어지면서 예쁘게 완성된다.

사용실과 사용량 : 18합 면사 1,000g 사용도구 : 모사용 코바늘 4/0호
사이즈 : 90cm x 70cm 난이도 : ★★★★☆
뜨는 법 : 93쪽

입 선

넉넉한 호보백

장 미 선 소금쟁이

방울무늬만을 이용한 빅백이다. 멋스러운 가을색으로 만들었으며, 이것저것 쟁여넣어 어깨에 둘러메고 여행을 떠나도 좋을 것이다.

특별한 기교없이 일정한 장소에서 늘려주면서 뜨다보면 각이 지지만 도안대로 뜨다보면 어느새 각은 없어지고 둥근 모양이 된다. 가방 끈을 뜰 때는 시작과 끝을 구분하지 말고 달팽이처럼 둥글게 계속 떠가는 것이 포인트이다. 안감은 전문가에게 맡겨도 좋겠지만 원단을 사다가 가방 모양대로 둥글게 재단해서 그냥 손바느질로 꿰매주어도 무방하다.

사용실과 사용량 : 18합 면사 갈색 800g
부자재 : 5cm 나무링 5개, 안감-옥스포드지 1마
사용도구 : 모사용 코바늘 5/0호
사이즈 : 62cm x 33cm
난이도 : ★ ★ ☆ ☆ ☆
뜨는 법 : 94쪽

초청작

물병주머니

홍 명 자 mj홍

사용실과 사용량 : 꽃병(면사 31g, 자수실 조금), 색동물병(DMC 십자수실 30g)   사용도구 : 레이스 코바늘 2호
뜨는 법 : 95쪽

초청작

심플 미니백

홍 명 자 mj홍

사용실과 사용량 : 24합 면사 195g   사용도구 : 모사용 코바늘 6/0호   집게 가방 손잡이 : 30cm(탈부착 가능)
뜨는 법 : 96쪽

초청작

허니문 러너 김미정 쩡이

사용실과 사용량 : 20수 면사
사용도구 : 모사용 코바늘 3/0호
뜨는 법 : 97쪽

초청작

스프링 스퀘어 블랭킷

유혜숙

사이즈를 정확히 떠주는 것이 중요하다.
사이즈 48cm x 64cm

사용실과 사용량 : 빈센트3P(2겹) 연노랑, 노랑, 멜론, 올리브, 다크그린, 그린색 각각 180g씩
사용도구 : 줄바늘 4mm, 돗바늘
난이도 : ★ ★ ★ ☆ ☆
뜨는 법 : 99쪽

초청작

헥사곤 블랭킷

유 혜 숙

사용실과 사용량 : 빈센트3P(2겹) 진체리 60g,
핑크 180g, 불노랑 120g, 그린 240g씩
사용도구 : 모사용 코바늘 6/0호
모티브 : 70장
난이도 : ★ ★ ☆ ☆ ☆
뜨는 법 : 100쪽

초청작
바바리안 블랭킷 유혜숙

매트와는 다르게 느슨하게 뜨는 것이 요령이다. 사이즈 80cm x 80cm

사용실과 사용량 : 빈센트8P 빨강 240g, 진핑크 240g, 올리브 240g씩
사용도구 : 모사용 코바늘 3/0호
난이도 : ★★★★☆
뜨는 법 : 101쪽

초청작

빈티지 블랭킷

한재선 루나

이 작품은 가장 기본적인 그래니 스퀘어 모티브를 확장한 블랭킷이다. 기본적인 패턴이지만 여러가지 색의 실을 배색하여 다양한 느낌을 구현할 수 있다. 빈티지 블랭킷은 11가지 색의 실을 사용했지만 초록색의 배색이 두드러지면서 빈티지한 느낌을 준다.

배색에 사용하는 실의 굵기가 일정해야 하며, 규칙적인 색 배색이 이루어질 수 있도록 한다.

부자재 : 모사 11가지(군청색, 보라색, 핫핑크, 벽돌색, 주황색, 초록색, 연두색, 카키색, 옥색, 라임색, 베이지색)
사용도구 : 모사용 코바늘 6/0호   사이즈 : 92cm X 92cm   난이도 : ★★☆☆☆
뜨는 법 : 102쪽

초청작

보송보송 침대매트 & 베갯잇

함 귀 화 실몽치

사용실과 사용량 : 21합 면사 (매트 3,000g 베갯잇 1,000g)
부자재 : 2cm 단추 12개
사용도구 : 모사용 코바늘 3/0호
난이도 : ★★☆☆☆
뜨는 법 : 103쪽

Chapter 2
뜨는 법

8쪽

청춘의 꿈

대상 김 현 심

사용실과 사용량 : 스타킹 10팩(1팩 850g)
사용도구 : 줄바늘 9mm
사이즈 : 160cm x 200cm
난이도 : ★ ★ ☆ ☆ ☆

- ♥1 스타킹 아이보리로 9mm 줄바늘을 사용해 일반 코잡기로 120코를 잡아서 가터뜨기 18단을 뜬다.
- ♥2 양끝 11코는 아이보리로 가터뜨기를 떠주고 가운데 부분은 메리야스 뜨기로 차트대로 떠준다.
- ♥3 A패턴 28단을 3회 반복하고 차트대로 8단을 더 뜬 후 B패턴(일직선)으로 38단을 뜬다.
- ♥4 A패턴(사선무늬)으로 78단을 뜨고 아이보리로 가터뜨기 18단을 뜬 후 코막음한다.

도안

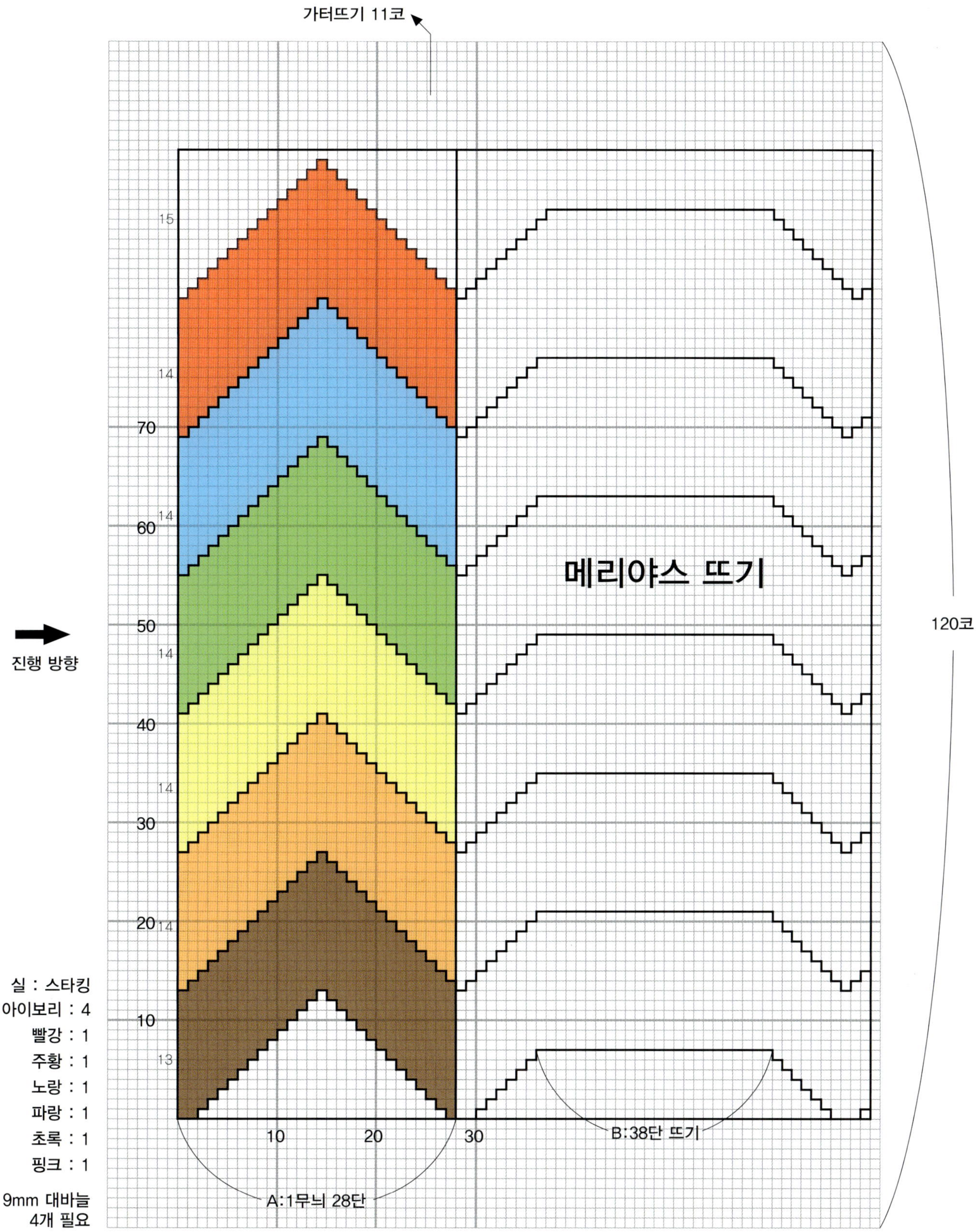

가터뜨기 11코
메리야스 뜨기
120코
진행 방향
15
14
14
14
14
14
13
70
60
50
40
30
20
10
10
20
30
B:38단 뜨기
A:1무늬 28단

실 : 스타킹
아이보리 : 4
빨강 : 1
주황 : 1
노랑 : 1
파랑 : 1
초록 : 1
핑크 : 1

9mm 대바늘
4개 필요

10쪽

러브~러브~

금상 김 현 옥

사용실과 사용량 : 24합 면사 1200g,
18합 면사 빨강 700g, 18합 녹색 600g
사용도구 : 모사용 코바늘 4/0호
사이즈 : 90cm x 143cm
난이도 : ★★★★☆

이 카펫은 3가지 색(2가지 색상으로 배색을 해도 좋다.)을 사용하여 만들었다.

♥1 사슬 224코를 만든다(1번실). 사슬 5코를 뜨고 6코 째에 짧은뜨기를 한다. 이를 반복해서 끝까지 뜬다.

♥2 2번 실로 시작 쪽이 아닌 되돌아온 쪽의 첫 코에 6코 사슬뜨기하고, 1길 긴뜨기로 2코, 사슬 1코, 1길 긴뜨기로 2코한 무늬를 각 무늬마다 끝까지 뜬다. 끝에 2길 긴뜨기를 뜬 후 실을 끊지 않고 놔둔다.

♥3 편물을 돌려 밑에 남아있던 사슬코로 만들어진 무늬를 접어 올려서 한코 남아있던 1번 실로 사슬 6코를 뜬다. 접어올린 가운데에서 2단 째에 무늬 가운데 사슬 한코에 같이 바늘을 넣어서 1길 긴뜨기 2코, 사슬 1코, 1길 긴뜨기 2코 (한 무늬)를 반복해서 끝까지 뜬다. 끝에는 항상 2길 긴뜨기를 뜬 후 한코가 남은 채 있다.

♥4 반대쪽 남겨졌던 2번 실의 1코에(편물을 돌리지 않은 채) 바늘을 넣어 사슬 6코를 뜨고 2번 실 무늬에 짧은뜨기를 한다. 끝까지 반복하고 편물지를 돌려 무늬를 사슬뜨기한 곳에 떠준다.

♥5 1번 실 코에 바늘을 넣어 사슬 6코를 떠서 편물을 돌리지 않은 채 1번 실무늬 사이에 짧은뜨기를 한다. 끝까지 반복하고 편물지를 돌려 무늬를 사슬뜨기한 곳에 떠준다. 끝에는 2길 긴뜨기를 뜬 후 실을 끊지 않고 놔둔다.

♥6 색별로 반복해서 떠준다. 이때 한 색이 끝나면 한 코는 남아있어야 한다. 남아있던 1코를 본색 실이 해당될 때마다 그 코를 이용해 뜨면 된다.

색이 바뀔 때마다 사슬 뜬 것을 끌어 올려서 다른 색으로 뜬 무늬와 반복해서 같이 떠준다.

도안

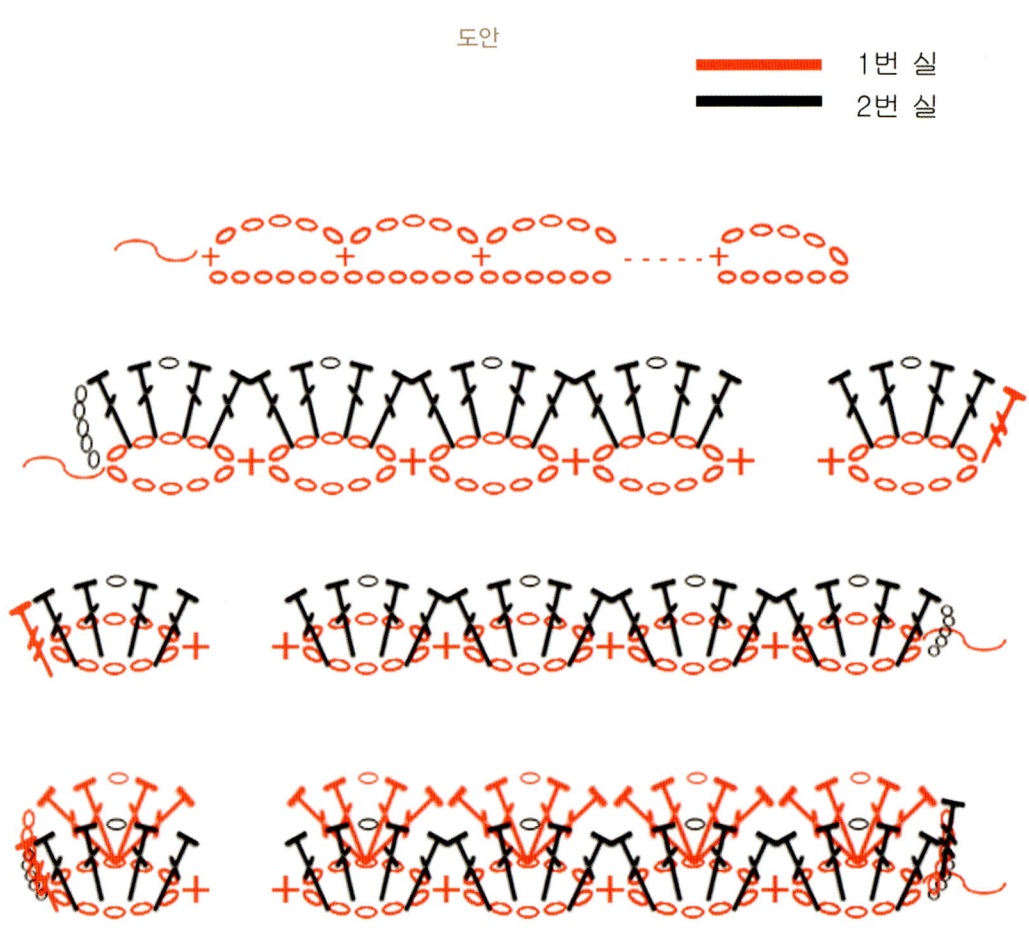

11쪽

세레나데   김 현 옥

사용실과 사용량 : 18합 면사 720g   **사용도구** : 모사용 코바늘 5/0호   **사이즈** : 86cm x 147cm   **난이도** : ★ ★ ★ ☆ ☆

- ♥1 285코를 사슬뜨기한다.
- ♥2 기둥코 3코를 뜨고 2코 건너 1길 긴뜨기를 12개(37코 떠준다)한 다음 사슬 30코를 뜨고 21코째에 1길 긴뜨기 1코, 사슬 2코, 1길 긴뜨기 1코, 사슬 2코의 무늬 12개를 37코 떠준다. 반복해서 끝까지 뜬다.
- ♥3 무늬있는 곳에는 각 코마다 1길 긴뜨기를 뜨고 사슬 30코를 뜬다. 끝까지 반복(5번의 무늬와 4번의 사슬)하면 전체적인 무늬가 나온다.
- ♥4 다음은 그림대로 떠준다.

줄임 부분

- ♥1 밑에서 줄임을 시작할 때 4코 줄이고, 다섯 번째 코에 기둥 3코를 포함하여 1길 긴뜨기 12코를 떠주고 사슬 2코, 1길 긴뜨기 1코, 사슬 2코, 1길 긴뜨기 12코, 사슬 40코.
- ♥2 3코 줄이고 기둥 3코를 포함하여 1길 긴뜨기 9코를 뜨고, 사슬 2코, 1길 긴뜨기 사슬 2코, 1길 긴뜨기 사슬 2코, 1길 긴뜨기 9코, 사슬 50코를 반복한다.
- ♥3 3코 줄이고 기둥 3코를 포함하여 1길 긴뜨기 6코를 뜨고, 사슬 2코, 1길 긴뜨기, 사슬 2코, 1길 긴뜨기 6코, 사슬 60코를 반복한다.
- ♥4 3코 줄이고 기둥 3코를 포함하여 1길 긴뜨기 3코, 사슬 2코, 1길 긴뜨기 3코, 사슬 2코, 1길 긴뜨기, 사슬 70코를 반복한다.
- ♥5 2코 줄이고 기둥코 3코를 포함하여 1길 긴뜨기 6코, 사슬 80코를 반복한다.
- ♥6 2코 줄이고 기둥코 3코를 포함하여 1길 긴뜨기 3코, 사슬 90코를 반복한다.
- ♥7 3코 남은 곳 중앙에 짧은뜨기 1코, 사슬 100코를 반복한다.

** 처음 시작한 부분에 짧은뜨기를 각 코에 넣어 떠주며, 사슬 20코에는 짧은뜨기 18코를 떠준다. 봉에 끼워넣기 위해 끈을 10개 따로 떠서 달아준다. 끈은 사슬 7코를 뜨고 기둥코 3코 1길 긴뜨기를 6코 반복해서 7단을 뜬 후 실을 커튼에 꼬맬 만큼 자른다. 자른 실에 바늘을 끼워 알맞은 자리에 꼬맨다.

도안

다음 페이지에 계속

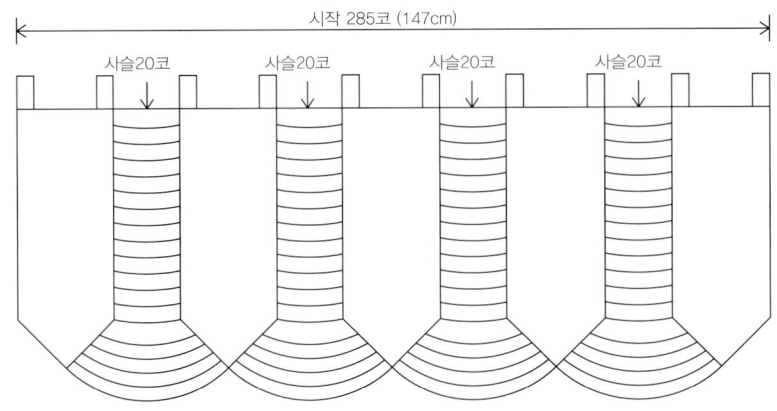

커튼봉에 끼울 고리뜨기

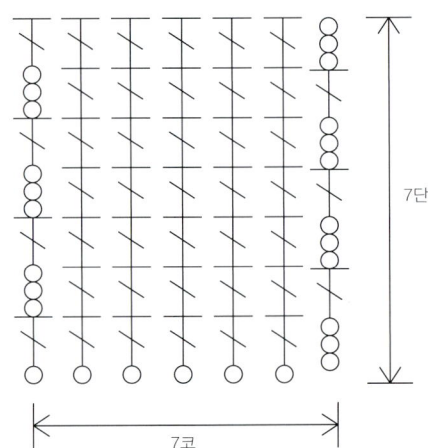

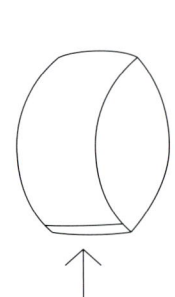

반을 접어 짧은뜨기로 이어준다.
실을 30cm 남기고 잘라주어 마무리한다.
남겨둔 실로 커튼에 꿰매 달아준다.

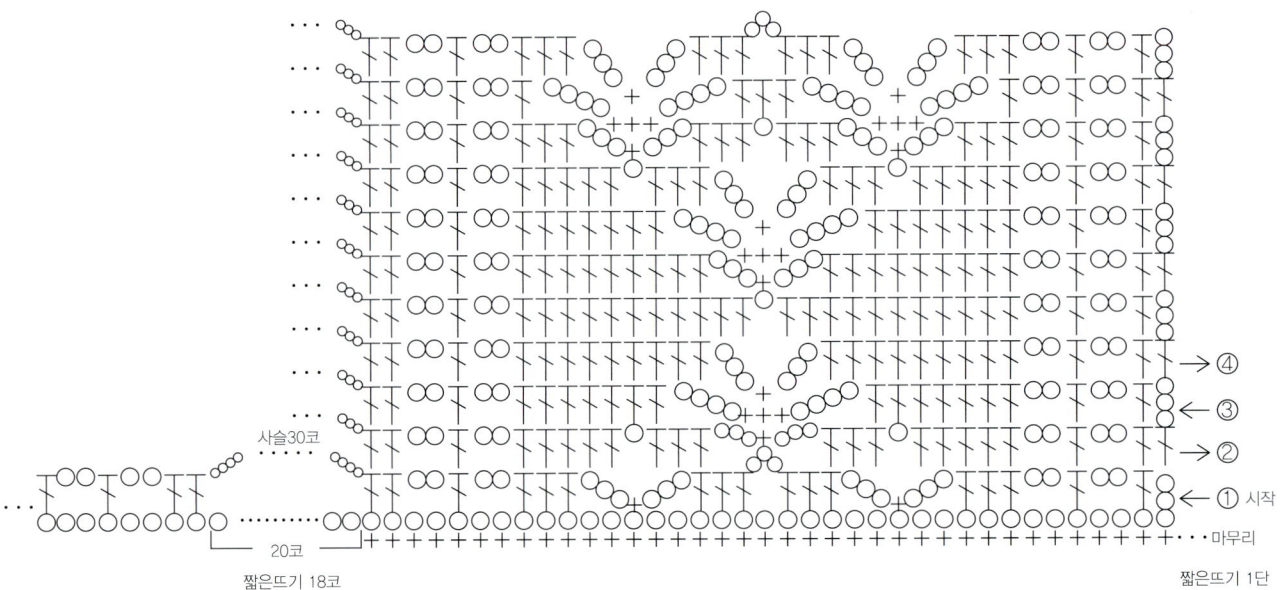

12쪽

새로움·익숙함·정겨움
김 현 옥

사용실과 사용량 : 24합 면사 2,200g
사용도구 : 모사용 코바늘 5/0호
사이즈 : 112cm x 190cm (21코 4단 한 무늬)
난이도 : ★ ★ ★ ☆ ☆

♥1 사슬 211코를 만든다. 기둥코 사슬 3코를 뜨고 사슬 2코, 1길 긴뜨기 2개, 사슬 2코 1길 긴뜨기 2코를 반복한다.

♥2 한 단을 더 떠준다.

♥3 2단 째에서 무늬뜨기를 시작한다. 그림대로 33무늬 132단을 뜬다. 다 뜬 후 처음의 1단을 두 단 더 떠준다.

♥4 빙둘러가며 사슬 2코, 1길 긴뜨기 4코를 떠주고 귀퉁이에서만 1코에 1길 긴뜨기 1코, 사슬 2코, 1길 긴뜨기 1코, 사슬 2코, 1길 긴뜨기 1코, 사슬 2코를 떠준다(합 3번).

♥5 기둥코 3코를 뜨고 사슬 2코, 1길 긴뜨기 4코, 사슬 2코, 1길 긴뜨기 4코, 사슬 2코, 1길 긴뜨기 4코를 반복하고 귀퉁이에서만 1코에 1길 긴뜨기 1코, 사슬 2코, 1길 긴뜨기 1코, 사슬 2코, 1길 긴뜨기를 한다.

♥6 한 단을 더 떠준다.

♥7 사슬 10코를 떠서 무늬 하나를 만들고, 건너 두 번째에 짧은뜨기 사슬 10코를 떠서 무늬 하나를 만들며, 건너 두 번째에 짧은뜨기를 반복해서 빙둘러 떠준다.

♥8 한 번 더 반복하되 남겨진 무늬에 짧은뜨기를 해서 빙둘러 떠주면 완성된다.

도안

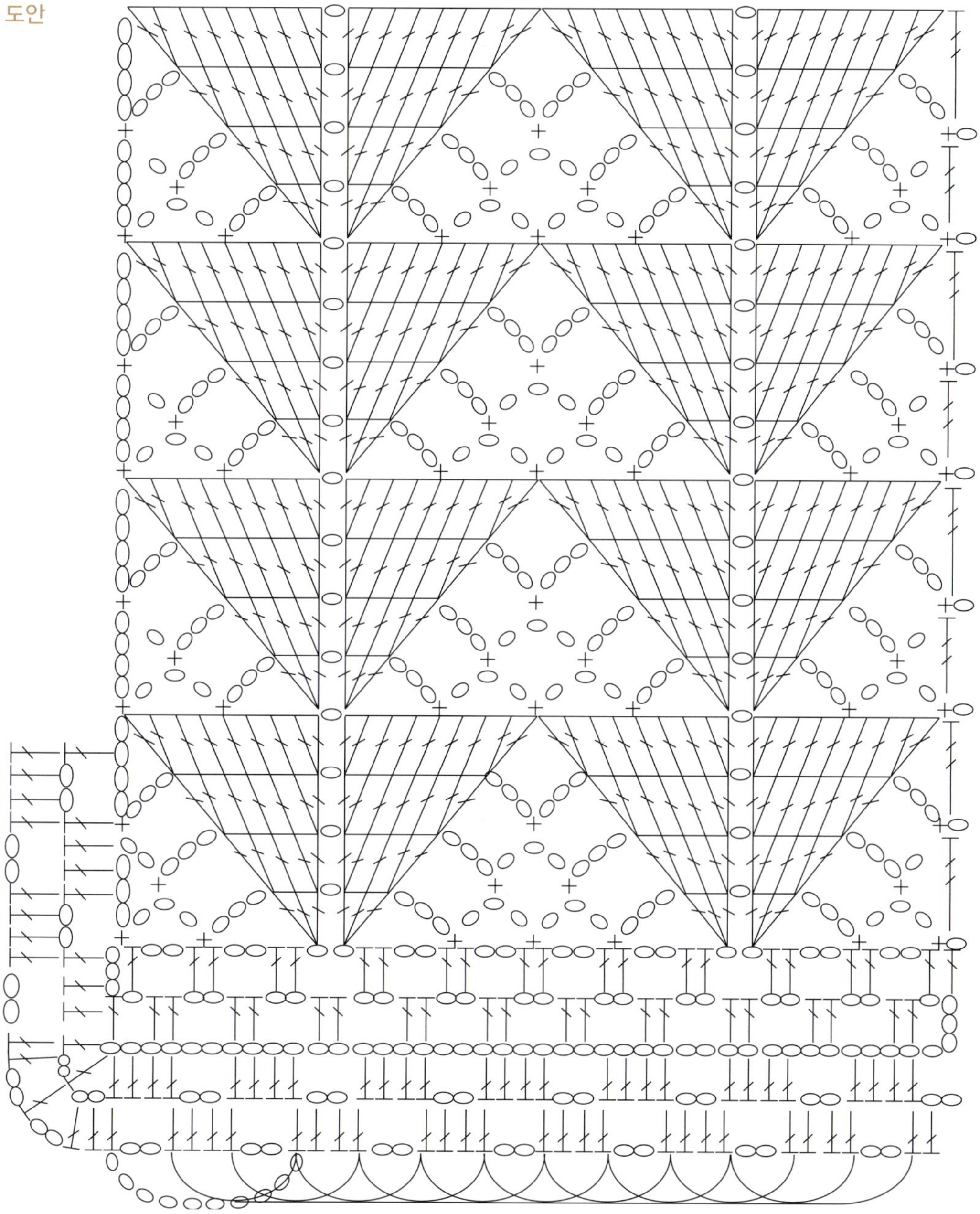

13쪽

자만심

금상 조 향 미

사용실과 사용량 : 혼방사(아크릴 70%, 울 30%),
검정 600g, 빨강 400g, 노랑 400g
사이즈 : 86cm x 50cm
사용도구 : 모사용 10/0호

♥1 원형모티브 28조각을 뜬다.

♥2 4조각을 연결한 후 그 조각끼리 또 이어주면 잇기가 수월하다.

♥3 전체 테두리를 도안대로 2단 떠준 후 개인 취향에 따라 짧은뜨기를 2~3단 더 떠주어도 좋다.

도안

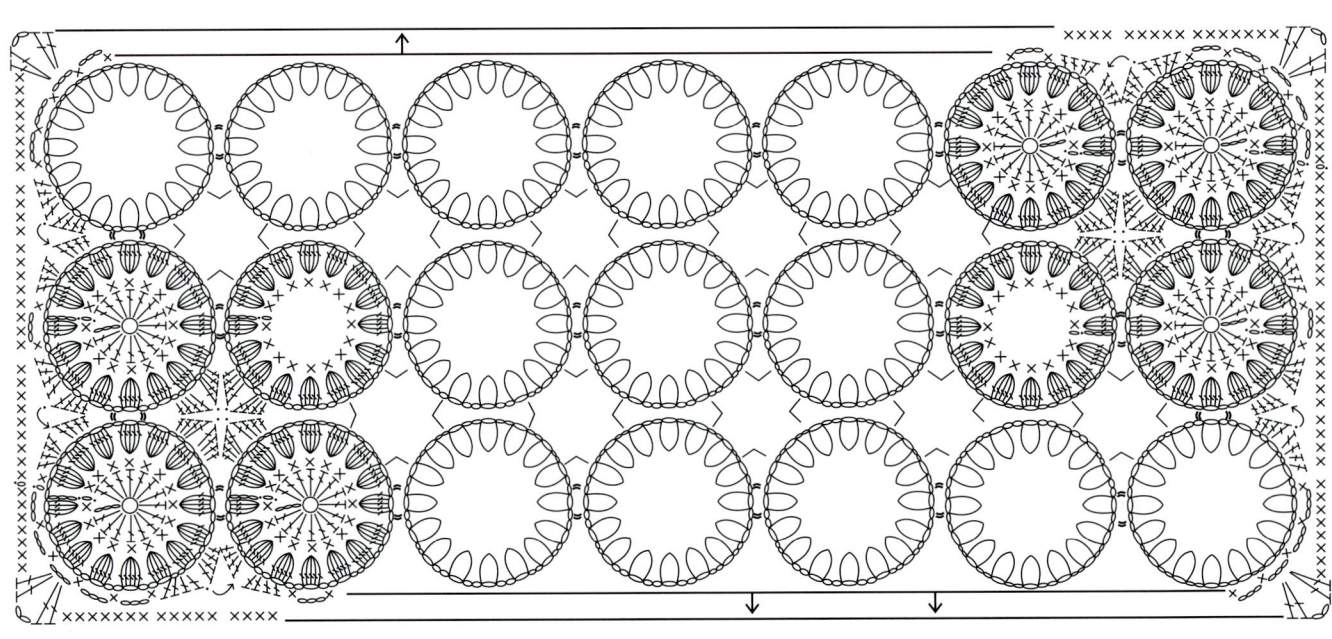

14쪽

고양이와 나비가 있는 풍경

조 향 미

사용실과 사용량 : 18합 면사, 노랑 약 3000g,
18합 면사, 핫핑크 약 600g
사용도구 : 모사용 코바늘 5/0호
게이지 : 10cm x 10cm (7칸 x 8단)
사이즈 : 132cm x 187cm
난이도 : ★ ★ ★ ☆ ☆

도안 A

다음 페이지에 계속

57

♥1 사슬 181코를 만들어 도안 A와 B를 각각 떠준다.

♥2 커튼 엣징 부분 도안 C는 사슬 31코를 만들어 도안의 무늬 나비 17개를 2장 뜬 다음 도안 A와 B의 커튼에 각각 사슬 뜨기로 이어준다.

♥3 커튼 엣징을 이어준 커튼 전체 둘레를 짧은뜨기로 1단 떠준다.

♥4 커튼 고리는 도안의 그림과 같이 간격에 맞추어 6개를 떠준다.

♥5 커튼 묶을 끈은 사슬 150cm를 떠서 위아래로 빼뜨기를 떠서 2개를 만들고 팬지꽃 8개를 만들어 각 팬지꽃 2개씩 1/2씩 시침해서 두 개의 끈 각 양쪽 끝에 달아준다. 1길 긴뜨기 1코, 사슬 2코, 1길 긴뜨기 1코, 사슬 2코, 1길 긴뜨기를 한다.

♥6 한 단을 더 떠준다.

♥7 사슬 10코를 떠서 무늬 하나, 건너 두 번째에 짧은뜨기 사슬 10코를 떠서 무늬 하나를 만들고 건너 두 번째에 짧은뜨기를 반복해서 빙둘러 떠준다.

♥8 한 번 더 반복하되 남겨진 무늬에 짧은뜨기를 해서 빙둘러 떠주면 완성된다.

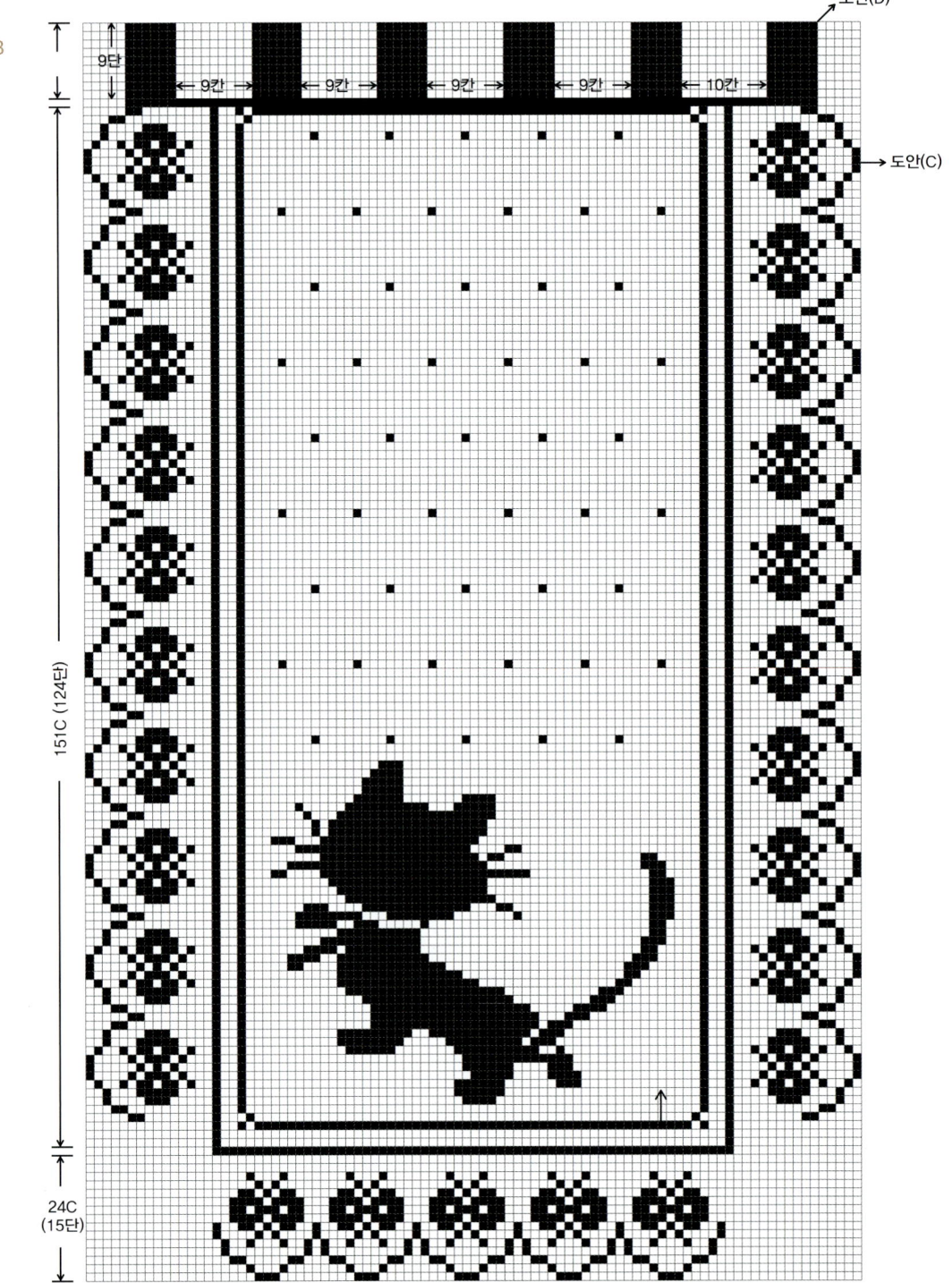

도안 C

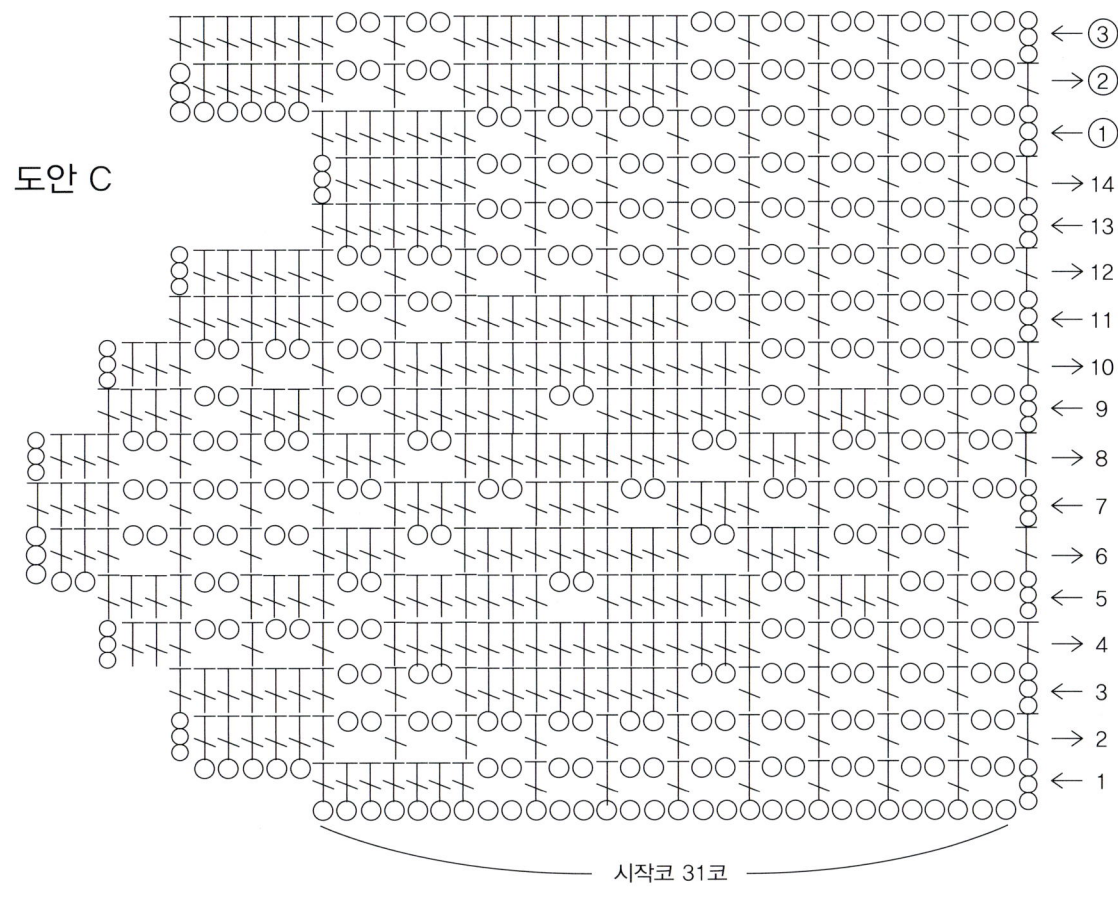

시작코 31코

도안 C

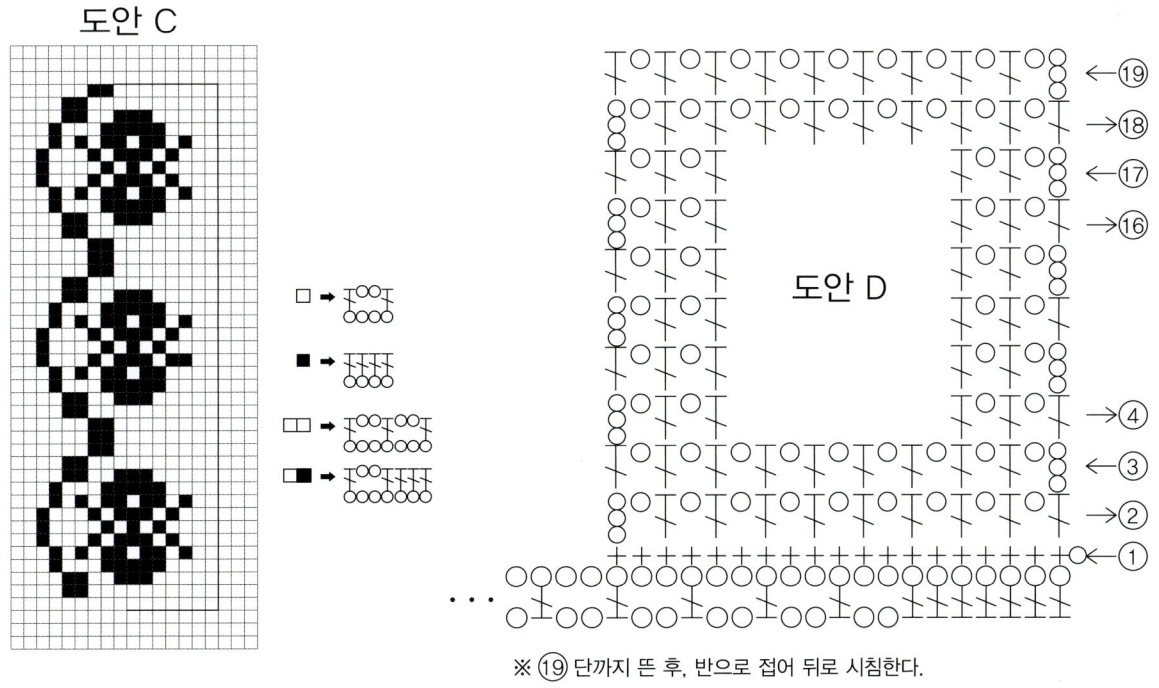

도안 D

※ ⑲단까지 뜬 후, 반으로 접어 뒤로 시침한다.

15쪽

플라워 키친매트
조 향 미

사용실과 사용량 : 혼방사(아크릴 70%, 울 30%), 블랙 700g, 블루그린 200g, 옐로우 200g
사용도구 : 모사용 코바늘 10/0호

♥1 꽃도안을 보고 다이어그램의 번호대로 뜨면서 이어붙여 준다.
♥2 사이즈를 조절해서 욕실매트, 현관매트로 사용해도 좋다.

도안

다이어그램

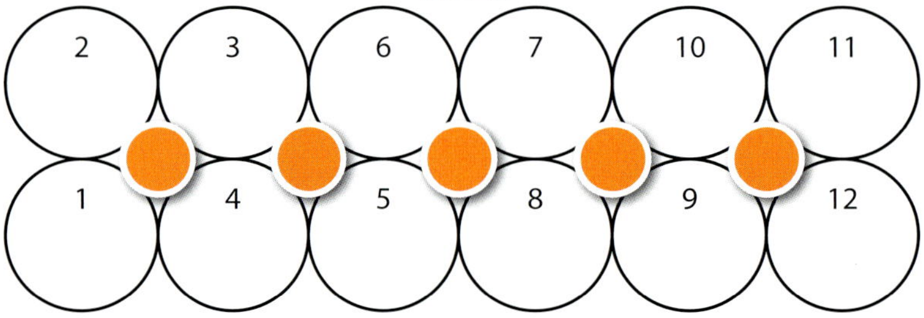

16쪽

헥사곤 발매트

조 향 미

사용실과 사용량 : 혼방사(아크릴 70% 울 30%) 검정 500g, 빨강 300g
사용도구 : 모사용 코바늘 7/0호

♥1 헥사곤 모티브를 도안대로 1번의 1개를 뜬다.
♥2 발매트 다이어그램의 번호를 따라 2번을 떠서 헥사곤 모양 한면을 짧은뜨기로 이어준다.
♥3 다이어그램의 번호를 보면서 헥사곤 모티브를 이어주며 마지막 16번까지 뜬다.
♥4 전체 테두리를 짧은뜨기로 3단을 뜬 다음 마무리해준다.

도안

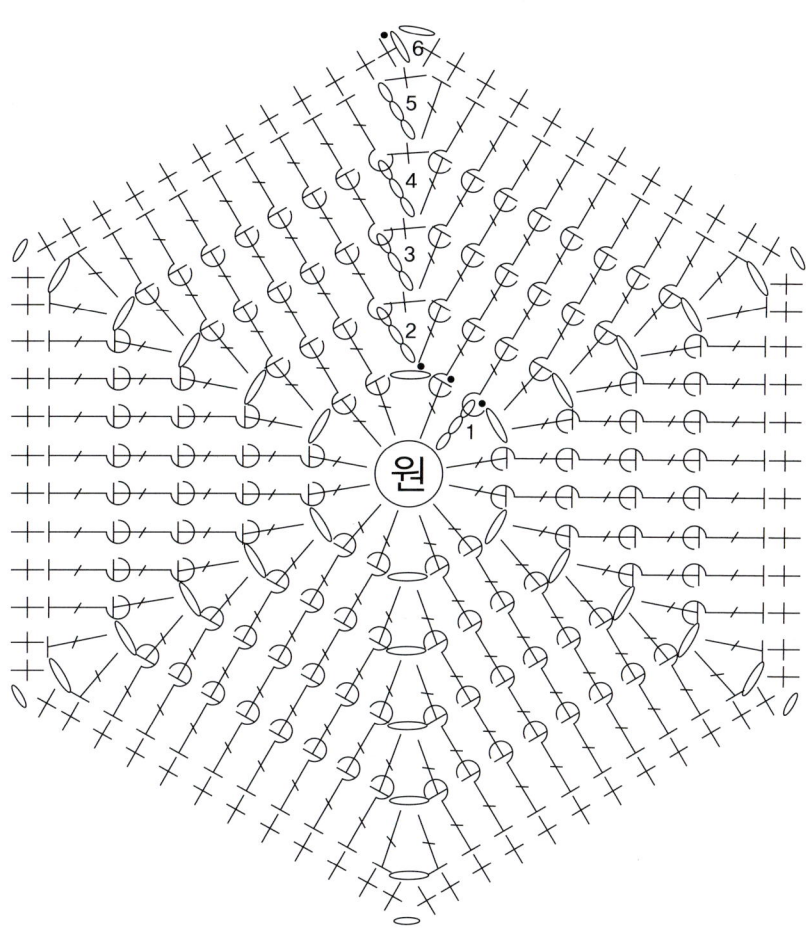

다이어그램

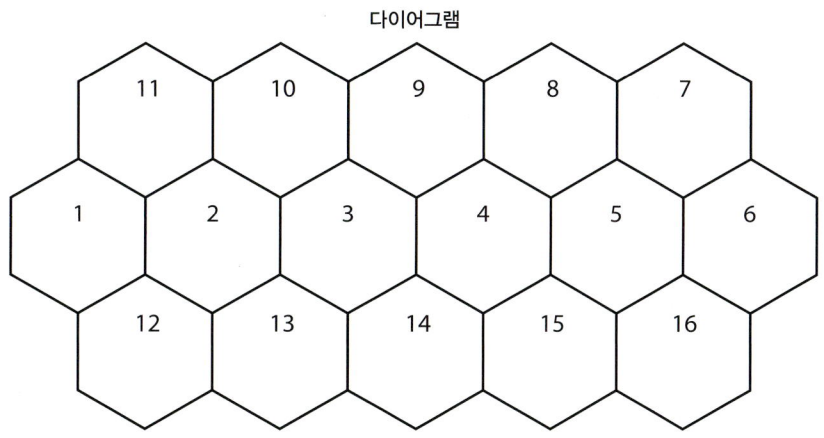

17쪽

러블리 반짇고리

금상 현 명 자

패키지 구성 :
24합 색사
1. 진분홍 + 보라 = 2겹으로 합사
2. 맑은파랑 + 진분홍 = 2겹으로 합사
3. 보라 + 맑은파랑 = 2겹으로 합사

부자재 : 흰색 옆판, 징, 안감 **사용도구 :** 모사용 코바늘 7/0호
난이도 : ★ ★ ★ ☆ ☆

반짇고리 도안

♥1 링을 만들고 짧은뜨기 8코를 뜬다.
♥2 처음 8코를 기준으로 한 코에 2번씩 8가지로 만든다.
♥3 늘림코 외에 짧은뜨기 숫자가 9개가 될 때까지 뜬다.
♥4 늘림 없이 짧은뜨기만 1회전한다.
♥5 뒤걸어뜨기를 1회전한다.
♥6 짧은뜨기를 1회전한다.
♥7 2중 짧은뜨기로 14단, 짧은뜨기로 1단, 뒤뜨기로 1단을 뜬다.
♥8 뒤뜨기 안쪽으로 짧은 걸어뜨기를 1단 뜬다.
♥9 짧은뜨기 1코, 사슬뜨기 1코, (O+O+O+)로 마무리 해주면 바구니가 안쪽으로 오므라들어 제 모양을 갖춘다.

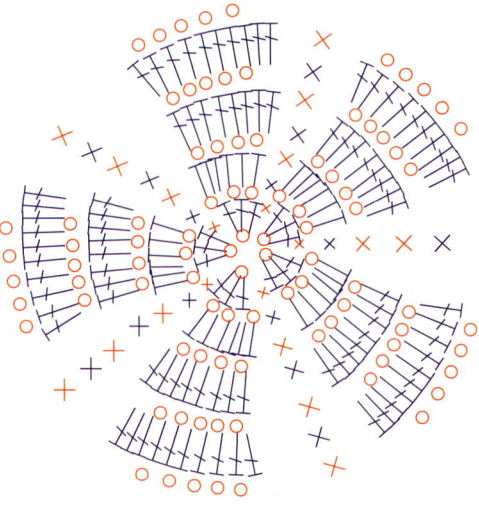

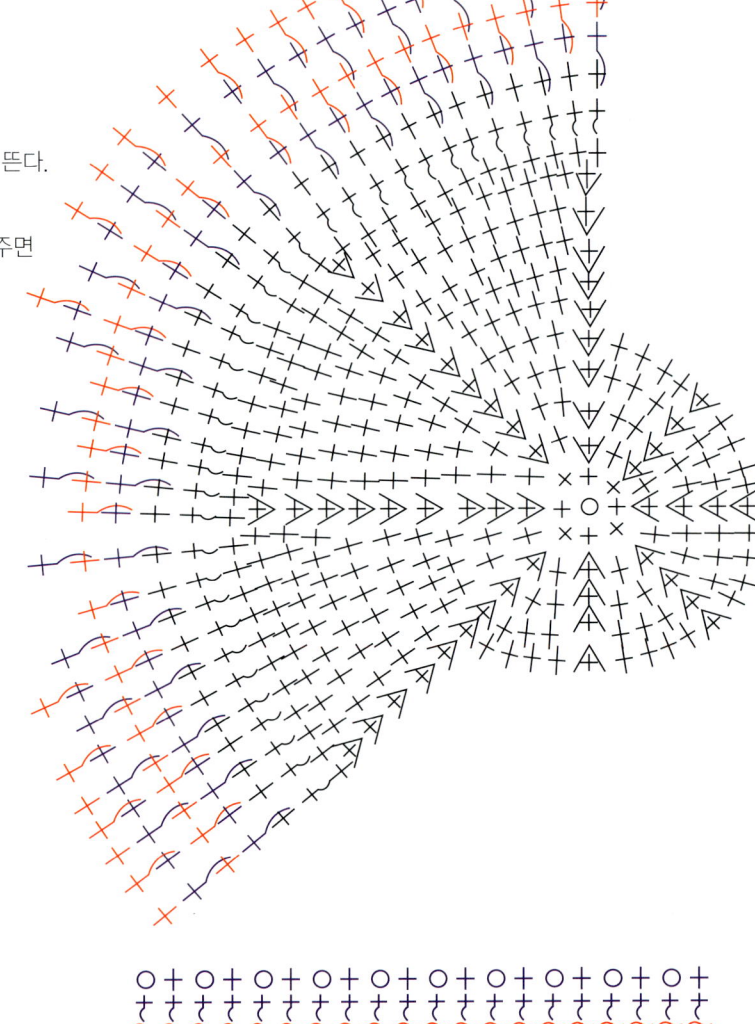

코사지 도안

♥1 사슬뜨기 6코를 뜨고 원을 만들어 긴뜨기 3코, 짧은뜨기 1코로 꽃잎 5개를 만든다.
♥2 사슬뜨기 3코를 뜨고 1의 짧은뜨기와 같은 곳에 뒤에서 앞쪽으로 뒷찌르기를 하여 짧은뜨기한다.
♥3 사슬뜨기 3코 → 긴뜨기 6코, 사슬뜨기 4코 → 긴뜨기 8코, 사슬뜨기 5코 → 긴뜨기 10코 순으로 뜬다.
♥4 마지막 사슬뜨기 5코로 한 번 더 돌려주면 꽃잎이 안쪽으로 오므라들어 꽃모양을 제대로 갖춘다.
♥5 사슬뜨기의 짧은뜨기는 반드시 뒷찌르기로 해야 된다.

18쪽

모세바구니(아기요람)

금상 김 명 순

사용실과 사용량 : 24합 색사 2겹 사용
부자재 : 가방매쉬 밑판용 3개, 옆판용 6개, 레이스 4야드, 원단 1마
사용도구 : 모사용 코바늘 8/0호
사이즈 : 밑면 33cm x 58cm, 높이 22cm
난이도 : ★ ★ ★ ☆ ☆

[아기요람]

- ♥1 모사용 8/0호 코바늘로 사슬뜨기를 28코 한다(실은 2겹으로 사용한다).
- ♥2 짧은뜨기 1바퀴 후 양쪽 4군데를 늘리면서 타원형을 만든다(이때 바닥 모서리가 당기는 듯 하면 5, 6군데를 늘리기도 하면서 폭이 33cm 될 때까지 뜬다.).
- ♥3 꺾어뜨기 1단을 뜨고 높이가 22cm 될때까지 짧은뜨기를 한다.

[요람 뚜껑 뜨는 방법]

- ♥1 사슬뜨기를 5코한 후 짧은뜨기를 4코한다.
- ♥2 첫 줄은 3군데 늘린다.
- ♥3 다음 줄은 2군데 늘린다.
- ♥4 3군데와 2군데 늘리기를 반복한다.
- ♥5 오목하게 늘려서 침대 뚜껑을 만든다.

도안

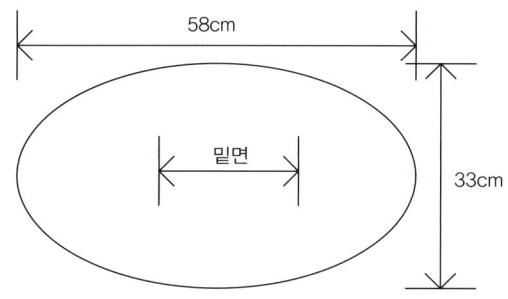

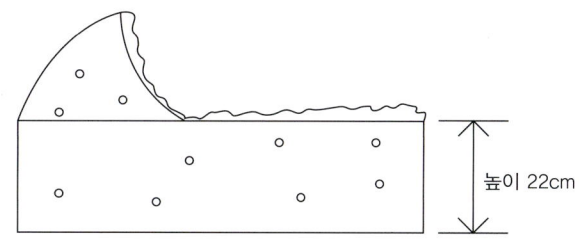

바닥 도안

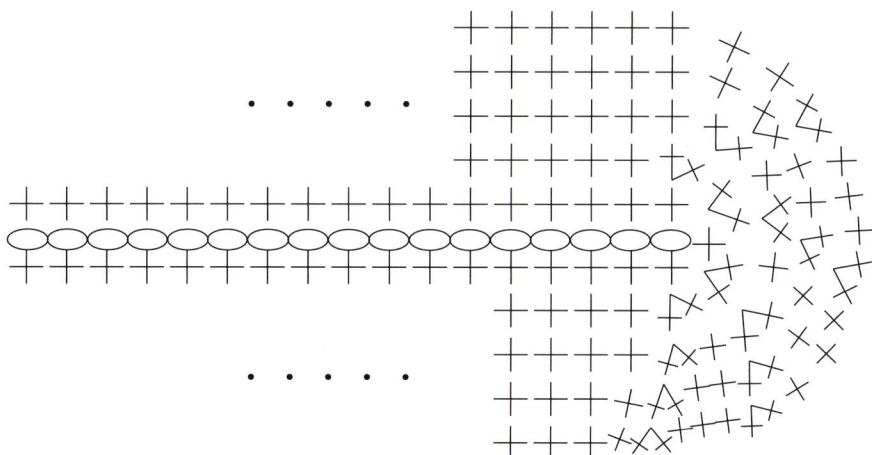

뚜껑 도안

1단 : 짧은뜨기 4코
2단 : 3군데 늘림(9코)
3단 : 2군데 늘림(11코)

19쪽

러블리 매트와 쿠션

김 명 순

패키지 구성 : 24합 색사 4,500g
부자재 : 쿠션용 솜
사용도구 : 모사용 코바늘 6/0호, 10/0호, 돗바늘
난이도 : ★ ★ ★ ☆ ☆

[솔방울뜨기]

♥1 6호 모사용 코바늘을 사용한다.

♥2 1겹으로 사슬뜨기를 3코한다.

♥3 검지손가락에 링을 걸어 7군데 늘리면서 지름 18cm를 뜬다.

♥4 실을 길게 잘라 이랑뜨기한 매트에 돗바늘로 꿰맨다. 이때 실은 반을 갈라 표시가 잘 나지않게 요령껏 꿰맨다.

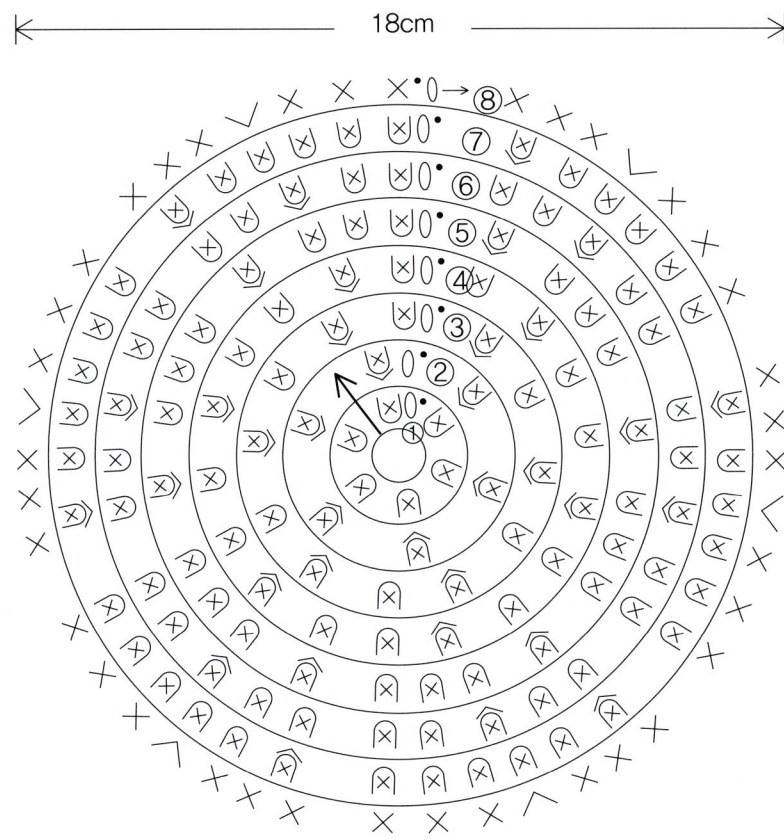

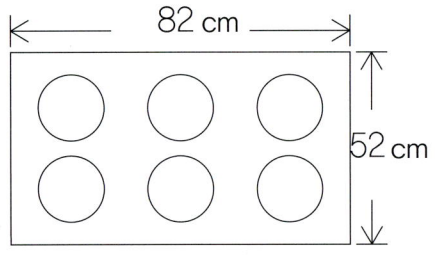

[러블리 매트]

♥1 10호 모사용 코바늘을 사용한다.

♥2 2겹으로 사슬뜨기를 93코한다.

♥3 짧은뜨기를 90코한다.

♥4 이랑뜨기를 47cm한다.

♥5 4면을 짧은뜨기로 1바퀴 뜬다.

♥6 실을 바꾸어 짧은뜨기하는데, 모서리 부분은 한 코에 두 번 넣어 늘리면서 뜬다.

[러블리 쿠션]

♥1 10호 모사용 코바늘을 사용한다.

♥2 2겹으로 사슬뜨기를 35코한다.

♥3 짧은뜨기를 33코한다.

♥4 이랑뜨기로 정사각형을 뜬다.

♥5 똑같이 한장 더 뜬다.

♥6 결을 틀리게 하여 2장을 연결한다(짧은뜨기로 연결).

♥7 숨구멍을 18cm 남기고 짧은뜨기한다.

♥8 실을 바꾸어 짧은뜨기 3단을 더 뜬다.

♥9 쿠션솜을 넣고 입구를 봉한 후 솔방울뜨기로 겉면을 꿰맨다.

20쪽

가을바람 카펫

은상 김 은 영

사용실과 사용량 : 24합 면사 7,000g
사용도구 : 모사용 코바늘 7/0호, 돗바늘

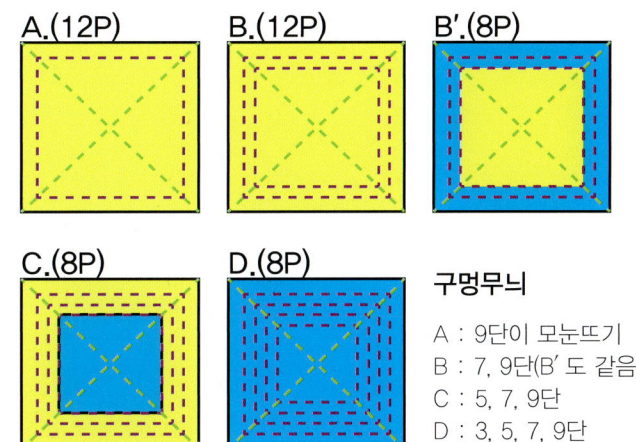

배색
B' : 7단부터 파랑으로 바꿔뜨기
C : 5단부터 노랑으로 바꿔뜨기

구멍무늬
A : 9단이 모눈뜨기
B : 7, 9단(B'도 같음)
C : 5, 7, 9단
D : 3, 5, 7, 9단

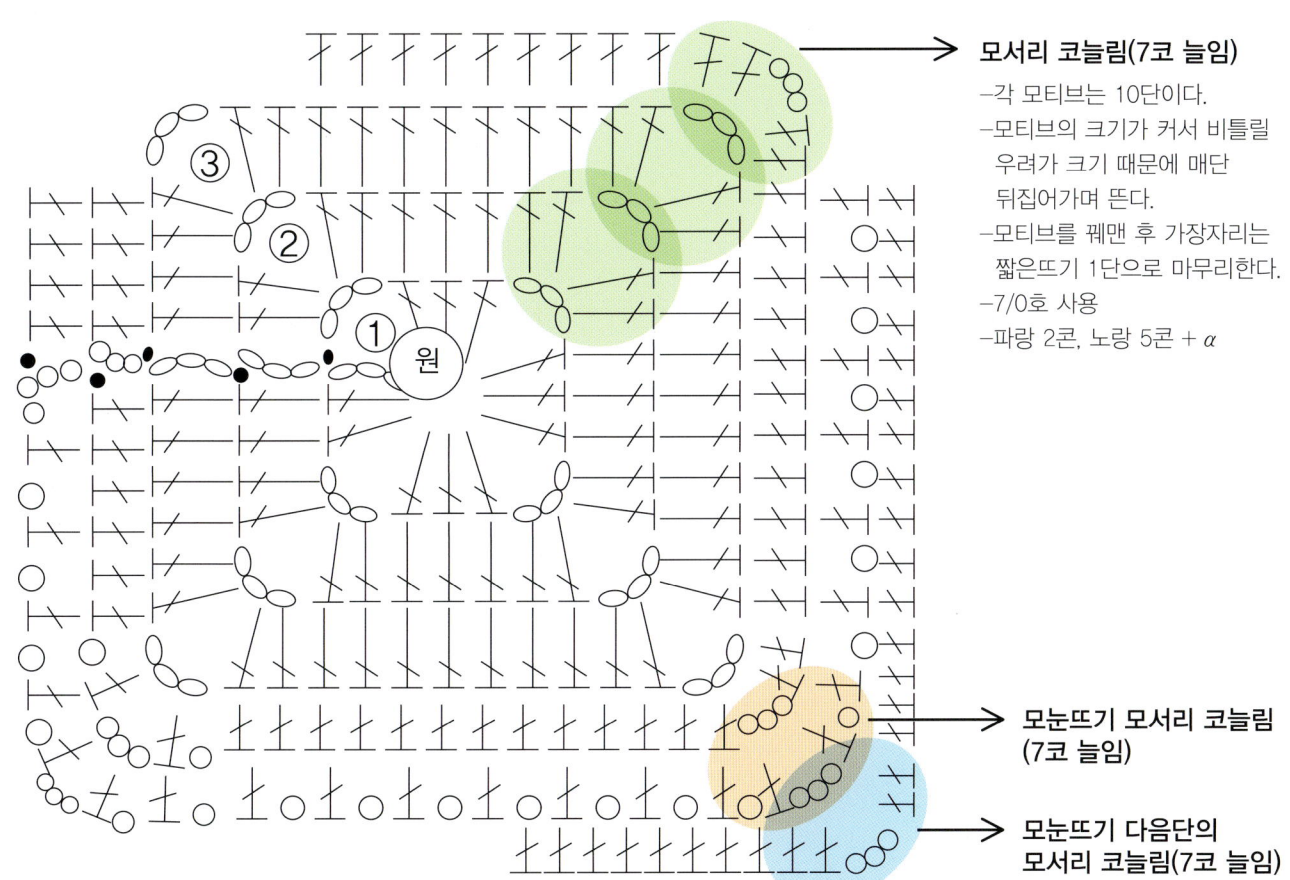

→ **모서리 코늘림(7코 늘임)**
- 각 모티브는 10단이다.
- 모티브의 크기가 커서 비틀릴 우려가 크기 때문에 매단 뒤집어가며 뜬다.
- 모티브를 꿰맨 후 가장자리는 짧은뜨기 1단으로 마무리한다.
- 7/0호 사용
- 파랑 2콘, 노랑 5콘 + α

→ **모눈뜨기 모서리 코늘림 (7코 늘임)**

→ **모눈뜨기 다음단의 모서리 코늘림(7코 늘임)**

21쪽

블랭킷(부제 : 친정엄마)

은상 김 혜 경

사용실과 사용량 : 21합 색사 1800g
사용도구 : 모사용 코바늘 5/0호

♥1 조각 도안 1개를 뜬 후 그 다음부터는 6단째에서 조각을 이어가며 뜬다.

♥2 1면이 붙을 경우에는 마지막 면에서 이어주고 2면이 붙을 경우에는 2면이 남았을 때 이어주면 수월하다.

전체 도안

테두리 도안

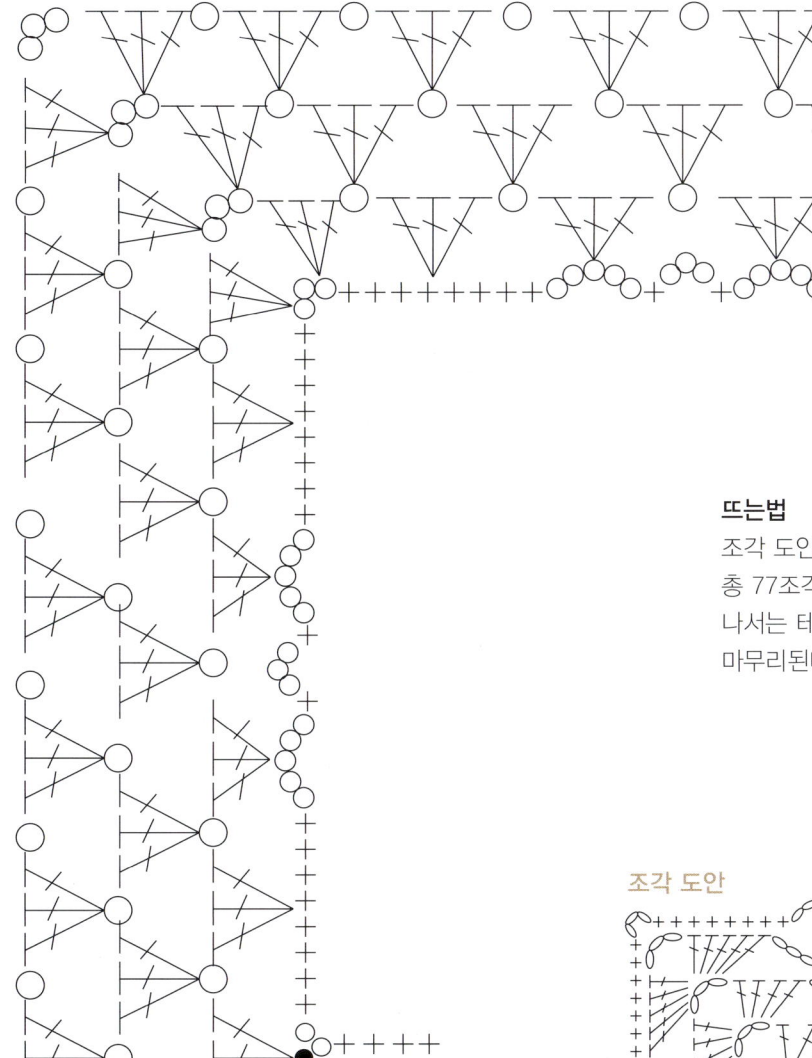

뜨는법

조각 도안대로 뜨면서 잇는 블랭킷이다.
총 77조각의 모티브를 이으면서 뜨고
나서는 테두리 도안대로 3단을 떠주면
마무리된다.

조각 도안

22쪽
곰 세 마리가 한 집에 있어~

은상 윤 주 영

사용실과 사용량 : 모사 6컬러, 흰색 225g.
검정 45g, 연베이지 135g, 밤색 90g, 빨강 90g, 인디핑크 45g
부자재 : 4mm 비즈 14개, 돗바늘 1개
사용도구 : 줄바늘 3.5mm **사이즈** : 94cm × 64cm
각 모티브의 크기 : 15cm × 15cm
난이도 : ★ ★ ★ ☆ ☆

마무리
각각의 조각을 다 뜬 후, 한장 한장 젖은 천을 올리고 다림질하거나 스팀다림질을 하여 고르게 펴 준다. 그 후에 조각을 꿰메어 이어주어야 담요가 예쁘고 고르게 완성된다.

마무리 엣징(테두리)
모든 조각을 다 이었다면 빨간실로 가장 긴 윗변에서 165코를 줍는다. 그리고 가터뜨기로 6단을 뜬다. 이 때에 양 끝변에서 2-1-3으로 코를 늘리고(총 6단 뜨는 동안 6코 늘어남) 코막음을 해 준다. 좌우의 짧은 변에서는 각각 105코를 줍고, 윗변과 마찬가지로 가터뜨기로 6단을 뜨는 동안 양 끝에서 2-1-3으로 코늘림을 하고 코막음을 해 준다. 이렇게 각 4변에서 코줍기 및 가터뜨기를 완료하면, 떨어져 있는 네 모퉁이를 돗바늘로 연결한다. 남은 실꼬리를 감춰주면 완성이다.

시상식 도안 표지-3

모티브의 총 개수
15cm × 15cm : 20장   30cm × 30cm : 1장
(A-하트 : 6장, B-집 : 3장, C-곰얼굴 : 3장, D-케이블 : 3장, E-잔잔무늬 : 5장, F-곰 가족 : 1장)

A. 하트 - 6장

사이즈 : 15cm × 15cm
필요 재료 : 3.5 mm 줄바늘
필요한 실 : 흰색, 인디핑크
뜨는법 : 흰색 실로 33코를 잡는다. 차트와 같이 42단을 뜨고 코막음을 한다.

B. 집 - 3장

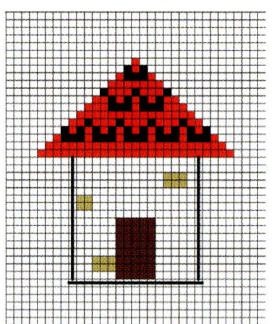

사이즈 : 15cm × 15cm
필요 재료 : 3.5 mm 줄바늘, 돗바늘
필요한 실 : 흰색, 빨강, 밤색, 연베이지, 검정
뜨는 법 : 흰색 실로 33코를 잡는다. 왼쪽 차트와 같이 42단을 뜨고 코막음을 한다. 지붕무늬(검정), 벽돌(베이지)은 돗바늘로 덧수를 놓으면 편하다. 집 테두리(검정)는 박음질하듯 수를 놓는다.

C. 곰 얼굴 - 3장

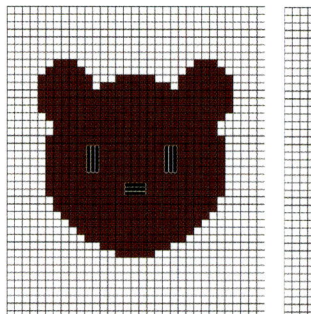 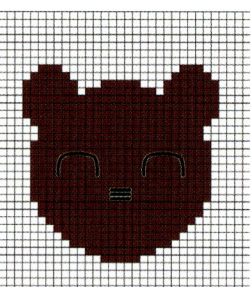 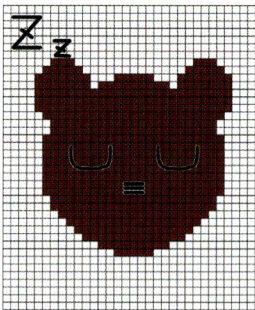

곰 얼굴 1 - 기본 표정
사이즈 : 15cm × 15cm
필요 재료 : 3.5mm 줄바늘, 돗바늘
필요한 실 : 흰색, 밤색, 검정
뜨는 법 : 흰색 실로 33코를 잡는다. 왼쪽 차트와 같이 42단을 뜨고 코막음을 한다.
검은색 실로 그림과 같이 눈과 코를 수 놓아준다.

한가지 얼굴로 해도 귀엽지만, 여러가지 얼굴을 섞어주면 더 다양한 이야기를 담을 수 있다.
이 작품의 경우에는 세 가지 얼굴을 각각 한장씩 만들었다.

D. 케이블 무늬 - 3장

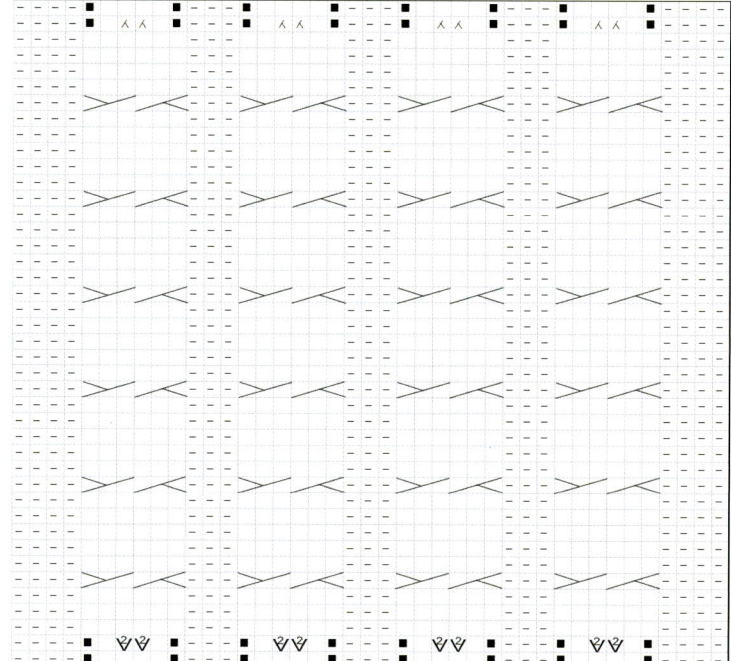

사이즈 : 15cm x 15cm
필요재료 : 3.5mm 줄바늘
필요한 실 : 흰색
뜨는법 : 흰색 실로 33코를 잡는다.
　　　　첫단은 뒷면이다.
　　　　안뜨기가 될 부분을 겉뜨기로, 겉뜨기가 될 부분을
　　　　안뜨기로 뜬다. (겉4, 안4, 〈겉3, 안4〉 3회 반복, 겉4)
　　　　두번째 단 : 안4, 〈겉1, 코늘림, 코늘림, 겉1, 안3〉 4회
　　　　반복, 안1을 차트대로 42단을 뜨고 코막음을 한다.

│ │ 겉뜨기
│─│ 안뜨기
│√│ 코늘림 : 한 코에서 겉뜨기 안뜨기 한번씩
│人│ 왼코 겹치기

케이블 무늬 : 왼코(왼쪽 위) 3코 겹치기
－꽈배기 바늘에 3코를 걸어 뒤쪽에 두고,
다음 3코를 겉뜨기로 뜬 후 꽈배기 바늘의
3코를 겉뜨기로 뜬다.

E. 잔잔한 무늬 - 5장

사이즈 : 15cm x 15cm
필요재료 : 3.5mm 줄바늘
필요한 실 : 베이지색
뜨는법 : 베이지색 실로 33코를 잡는다.
　　　　챠트와 같이 42단을 뜬다.
　　　　코막음을 한다.

│ │ 겉뜨기
│─│ 안뜨기

F. 곰 가족 – 1장

사이즈 : 30cm × 30cm
필요재료 : 3.5mm 줄바늘, 4mm 비즈 14개, 돗바늘 1개
필요한 실 : 흰색, 밤색, 인디핑크, 연베이지, 빨강, 검정
뜨는법 : 흰색 실로 66코를 잡는다. 도안대로 84단을 뜨고 코막음을 한다.
　　　　곰 얼굴은 다 뜨고 난 후 수를 놓아 표현해 준다. 눈과 코는 프렌치노트로 표현하면 입체감이 있어 귀엽다. (비즈를 사용해도 좋다.)
　　　　엄마 곰 앞치마의 흰 땡땡이 무늬는 비즈를 끼워 표현해 준다.
　　　　엄마 곰 앞치마의 리본 부분도 다 뜬 후 수를 놓아 표현해 준다.

※ 도안 F는 다른 모티브의 2배 크기이다.

23쪽

눈꽃 로맨틱 카페트

은상 최 순 자

사용실과 사용량 : 24합 면사 6,000g 정도
사용도구 : 모사용 코바늘 5/0호
사이즈 : 220cm x 150cm

모티브를 40장 뜬다.
모티브는 이어가면서 뜬다

♥1 5코 시작
♥2 긴뜨기 12코

도안

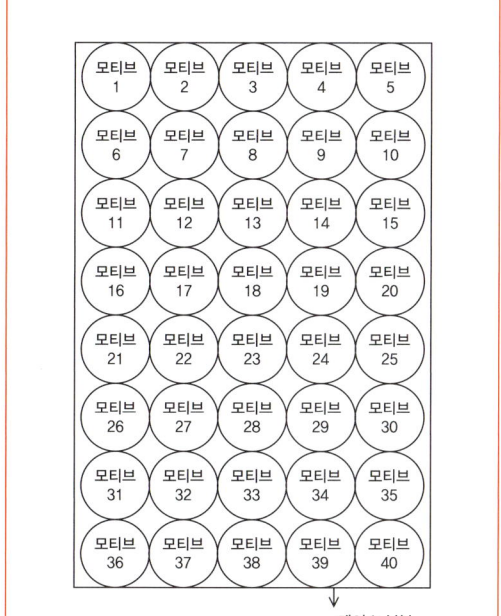

↑ 레이스 부분

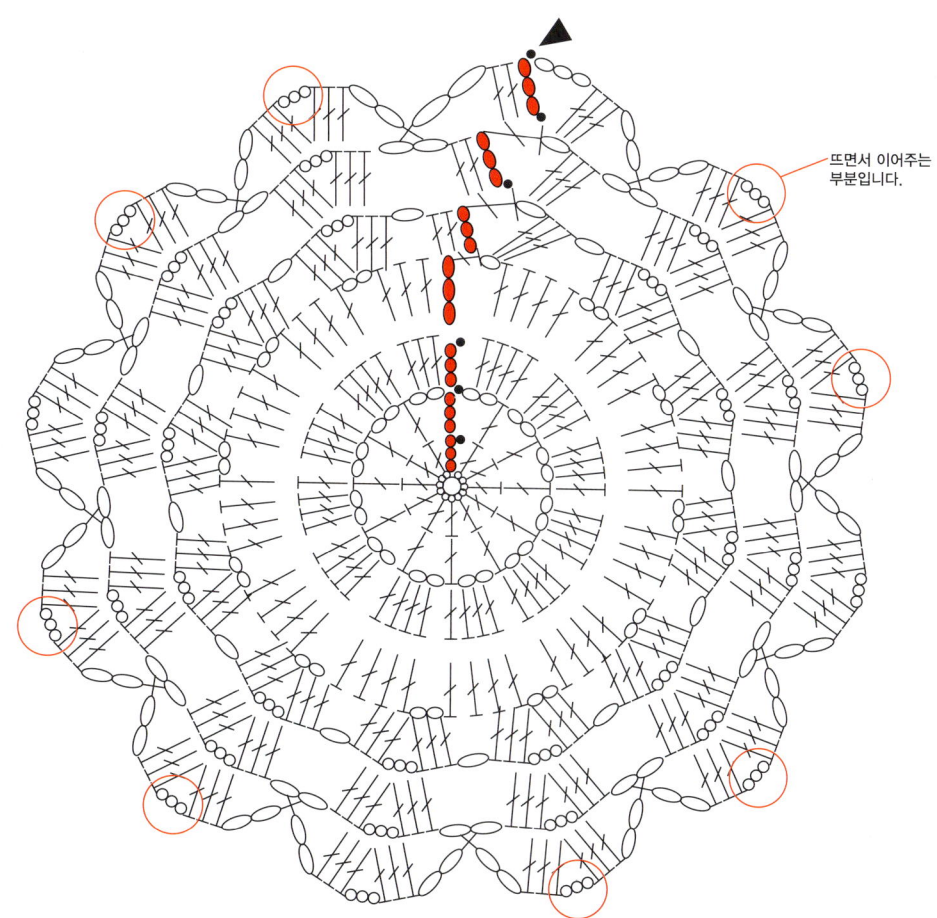

뜨면서 이어주는 부분입니다.

71

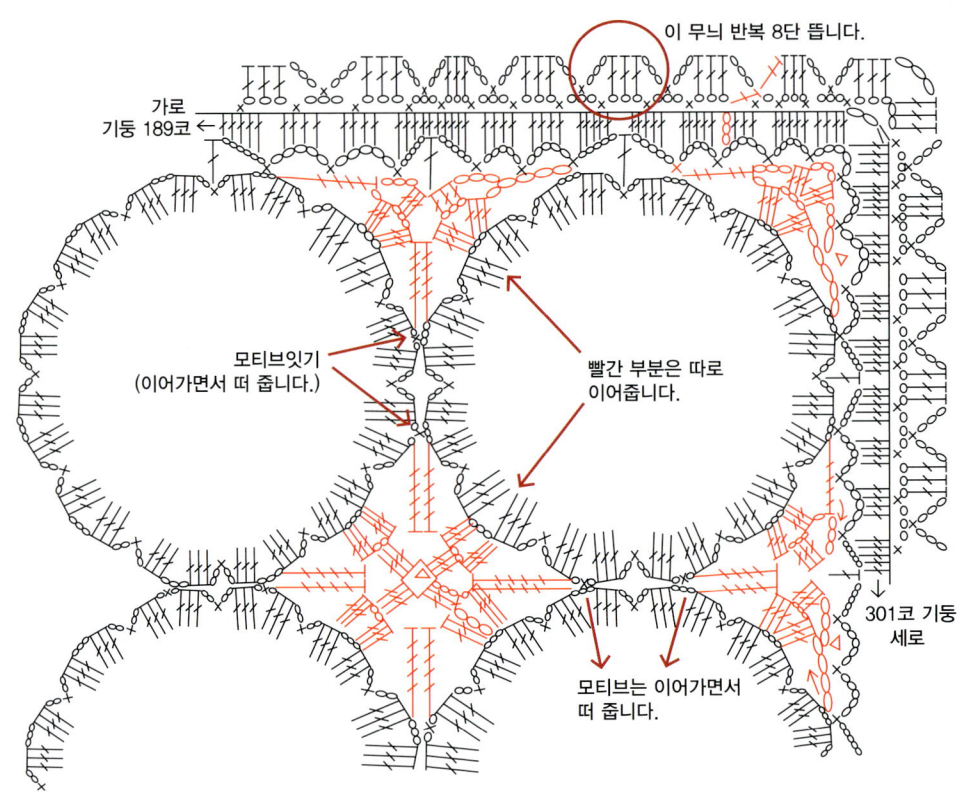

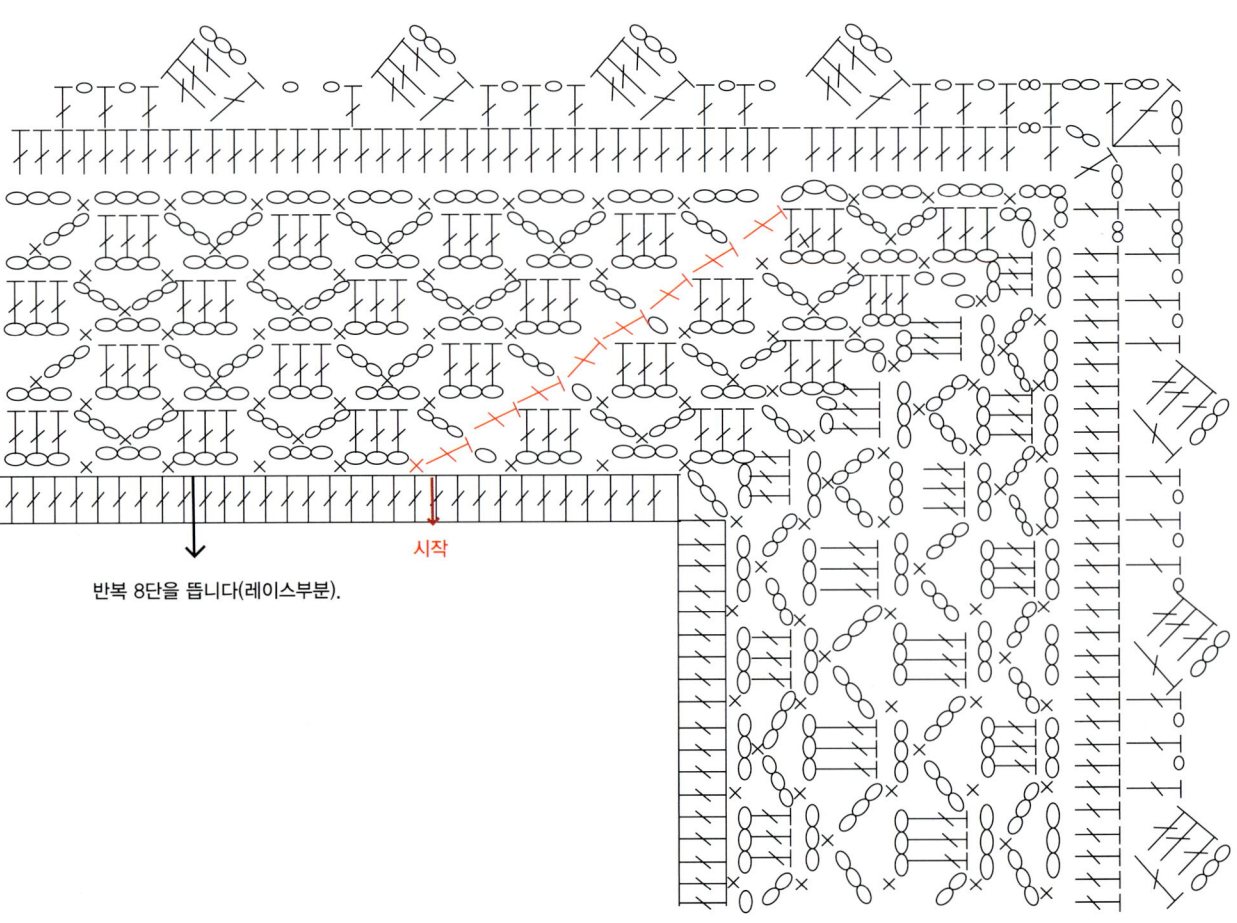

24쪽

꽃밭에서

동상 오 성 숙

- **사용실과 사용량** : 18합 여러 가지 색상 3,000g 정도
- **사용도구** : 모사용 코바늘 5/0호
- **난이도** : ★ ★ ★ ★ ☆

꽃 모티브 도안

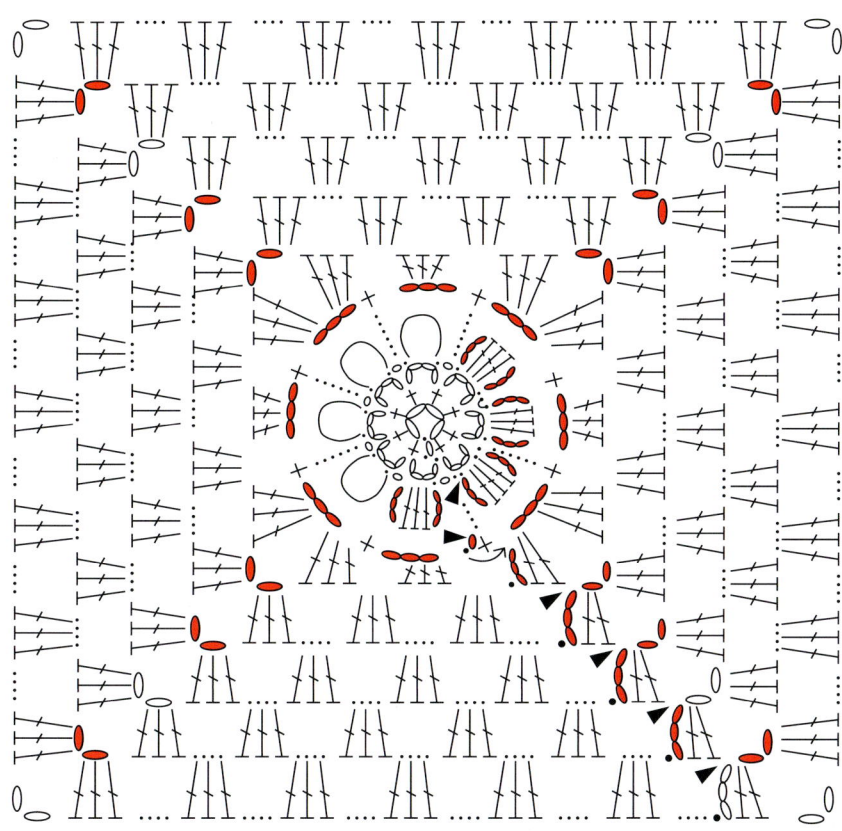

[1단계] 꽃잎 부분

[1단]
사슬뜨기 4코와 빼뜨기로 원을 만든 다음 사슬뜨기 4코, 짧은뜨기를 번갈아 8번 반복한다.

[2단]
사슬뜨기를 4코 한 부분에 떠준다.
(사슬뜨기 3코 , 2길 긴뜨기 3코, 사슬뜨기 3코, 빼뜨기 → 꽃잎 한개)
옆 칸에 빼뜨기를 다시하고 꽃잎 한 개의 과정을 모두 8번 반복한다.

[2단계] 네모 부분

[1단]
뒤집어 뒷면에서 사슬뜨기 3코, 짧은뜨기 한 개를 번갈아 8번 반복하여 빼뜨기로 원을 만들고 다시 뒤집는다.

[앞면에서 본 것]
꽃잎 아래 사슬뜨기를 3코 한 부분에 1길 긴뜨기 3코, 사슬뜨기 2코, 1길 긴뜨기 3코(모서리 부분)를 뜨고 다음 칸에 1길 긴뜨기 3코를 뜬다. 이렇게 4번 반복하고 빼뜨기로 네모 모양을 완성한다.

[앞면]

[뒷면]

꽃잎은 자연스럽게 펴준다.

[2단]
실 색상을 여러 가지로 다양하게 뜬다(1길 긴뜨기를 3개씩 떠나가다 네 모퉁이에서만 1길 긴뜨기 3개, 사슬뜨기 2개, 1길 긴뜨기 3개).

[3단]
1길 긴뜨기를 세코씩 모아 뜨다가 모퉁이에서는 사슬뜨기를 2개 추가한다.

[4단]
꽃잎과 같은 색으로 뜬다(1길 긴뜨기를 세 개씩 모아서 떠나가다 모퉁이에서 사슬뜨기 2개).

[5단]
초록으로 뜬다(1길 긴뜨기 세 개씩 모아서 떠나가다 모퉁이에서 사슬뜨기 2개).

[6단]
초록으로 계속 짧은뜨기를 한 칸에 하나씩하고 모퉁이 사슬뜨기에는 짧은뜨기를 3개한다.

완성된 모티브이다. 15cm x 15cm 크기이며, 모두 28장을 만든다.

다음 페이지에 계속

[3단계] 모티브 연결

가로로 7장 세로로 4장 모두 28장을 만들어 연결한다. 두 장의 모티브 맨 끝 단의 앞면 짧은뜨기의
사슬 모양 한쪽에 바늘을 넣어 빼뜨기로 계속 연결해 나간다.

세로로만 연결했을 때

가로로도 연결이 끝났을 때

연결이 끝나면 실을 바늘에 두 번 감아 두 번의 빼뜨기로 큰 테두리 한 단을 두르고
다시 짧은뜨기 한 단을 둘러 전체 테두리를 마무리한다.

모티브 연결하는 법 참고하세요.

다음 칸으로 계속 빼뜨기한다.

이렇게 새로 뜬 사슬무늬가 보여 모티브를 연결하고 나면 더 예쁘며, 돗바늘로 꿰매는 것보다 훨씬 쉽고 빠르다.

가로로 먼저 다 이은 다음 세로로 연결한다. 세로로 연결할 때 코너에 가로에서 겹쳐지는 부분이 잘 만나게 신경써 준다.

25쪽

켈트 매듭 무릎담요와 쿠션

오 성 숙

사용실과 사용량 : 24합 색사, 2,500g 정도
사용도구 : 모사용 코바늘 5/0호
난이도 : ★ ★ ★ ☆ ☆

[1단계] 켈트 매듭 만들기

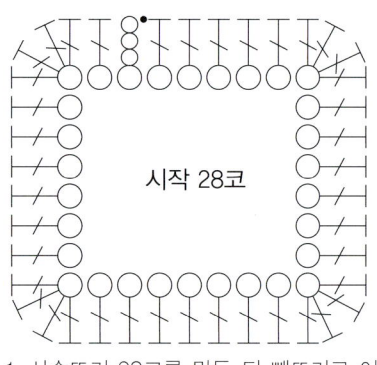

1. 사슬뜨기 28코를 만든 뒤 빼뜨기로 이어준다.
2. 1길 긴뜨기로 뜨면서 코너에서는 사슬뜨기 1코에 1길 긴뜨기 4개를 떠주어 사각형이 되게 만든다.

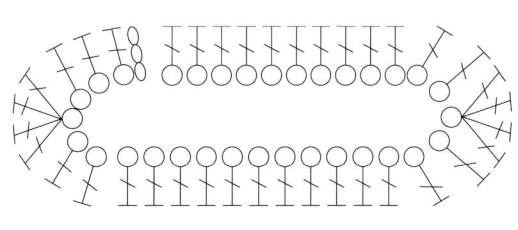

[타원형 만들기-2개]

사슬뜨기 32코를 만들고 도안대로 1길 긴뜨기 1개씩 15개를 뜬 후, 16번째 사슬코에는 1길 긴뜨기를 4개씩 뜬다. 실은 여유있게 자른 다음 먼저 만든 가운데 네모와 엮은 후 돗바늘로 이어준다.

들어가고 나오는 방향을 잘 따라 해 준다.

다음 페이지에 계속

[2단계] 네모 테두리 만들기

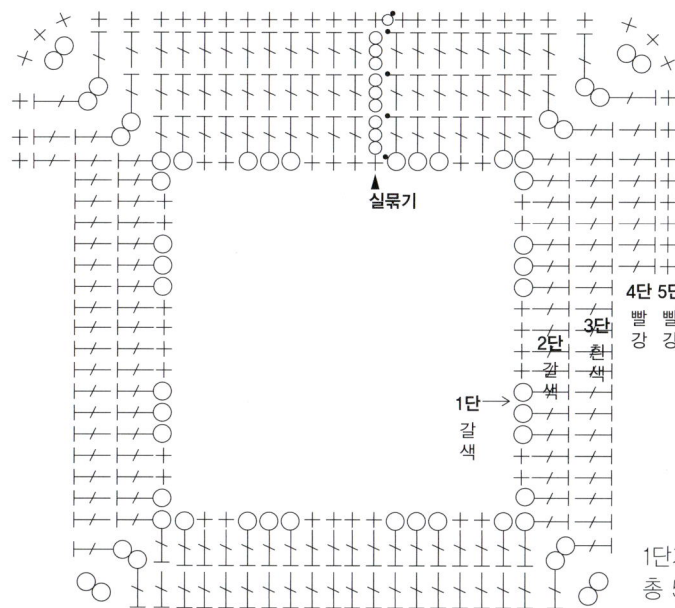

1단계에서 만들어 놓은 켈트 매듭 테두리를 떠주는 작업으로 총 5단을 떠주면 된다(크기 : 17x17, 총 8장).

[1단] 갈색 짧은뜨기와 사슬뜨기

[2단] 갈색-1길 긴뜨기

[3단] 흰색-1길 긴뜨기

[4단] 빨강-1길 긴뜨기

[5단] 빨강-짧은뜨기

[5단] 갈색-1길 긴뜨기

※ 무릎담요 모티브는 4단까지는 쿠션모티브 테두리 뜨기와 같고 5단째부터 달라진다.

[6단] 갈색-짧은뜨기

[7단] 빨강-짧은뜨기

※ 크기 20 x 20, 총 16장

[3단계] 켈트 매듭 쿠션 마무리

♥1 조모티브 4장을 빨강실로 짧은뜨기 또는 빼뜨기로 연결한다.

♥2 전체 테두리를 갈색으로 1길 긴뜨기 3단(켈트 매듭 테두리 만들기 도안 참고)을 떠주면 한쪽면이 완성된다.

♥3 똑같이 1장을 더 떠서 두 장을 안끼리 맞댄 후 한쪽 코너에서 3cm 정도를 짧은뜨기(또는 감침질)로 붙여 주는 것을 시작으로 3면을 연결하고 처음 시작한 면의 다른쪽 끝을 3cm 정도 붙여주고 나머지는 창구멍으로 남겨둔다.

♥4 쿠션 솜을 넣고 나머지 부분을 꿰매주면 완성된다.

[4단계] 켈트 매듭 무릎담요 마무리

♥1 모티브 16장(가로4장 x 세로4장)을 빨강실로 짧은뜨기 또는 빼뜨기로 연결한다.

♥2 전체 테두리를 빨강실로 1길 긴뜨기 1단 → 짧은뜨기 1단(켈트 매듭 테두리 만들기 도안 참고)을 떠준다.

♥3 대로 사용해도 좋지만 조금 더 따뜻한 무릎담요가 되도록 뒷면에 융으로 된 무릎담요를 감침질로 바느 질해 준다.

26쪽

오프라의 외출(모자)

동상 이 경 숙

사용실과 사용량 : 아사코 네이비 4볼, 베이지 1볼
사용도구 : 모사용 코바늘 4/0호
난이도 : ★ ★ ★ ☆ ☆

도안보는 법
- O 사슬뜨기
- + 짧은뜨기
- † 아랫단에 바늘 넣어 짧은뜨기
- ↓ 짧은뜨기 2코 떠서 늘리기

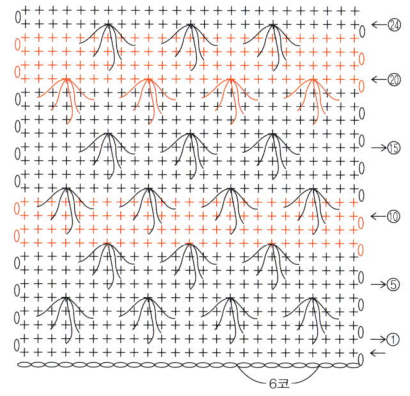

나뭇잎 무늬 : 사슬뜨기 1코, 짧은뜨기 1코, (5코 모아뜨기, 사슬뜨기 1코, 짧은뜨기 4코) 반복, 짧은뜨기 2코, 첫코에 빼뜨기

※ 첫코를 건너 두번째 코부터 뜨고 마지막코를 첫코에 넣어 뜨면 기둥코가 가려져 단이 올라간 부분이 안보인다.
※ 빼뜨기한 코를 잡아당기지 말고 다른 코랑 같은 크기로 만든다.

[모자 윗부분]

♥1 아사코 네이비색 실을 두 번 감아 고리를 만든다.
♥2 1단 : O, +5, 첫코에 빼뜨기로 연결(6코)한다.
　　고리를 꽉 조이고 코바늘을 이용하여 실 끝을 1단 안으로 한 번 통과시킨 후 잘라낸다.
♥3 2단 : O, 1번 코에 +, 2번 코부터 ↓ 5회, 첫코에 빼뜨기로 연결(12코)한다.
♥4 3단 : O, 2번 코에 +, 3번 코에 †, (4번코에 ↓, 5번코에 †) 4회 반복, 12번 코에 ↓, 1번 코에 †, 첫코에 빼뜨기(18코)한다.
♥5 4단 : O, 2번 코부터 ↓†, (+↓†) 4회 반복, +†, 첫코에 빼뜨기(24코)한다.
♥6 5단 : O, 2번 코부터 +↓†, (++↓†) 4회 반복, ++↓†, 첫코에 빼뜨기(30코)한다.
♥7 6단 : O, 2번 코부터 ++↓†, (+++↓†) 4회 반복, +++↓†, 첫코에 빼뜨기(36코)한다.
　　한 단에 6코씩 늘리며 19단까지 뜬다(본인의 머리 크기에 맞추어 가감).
♥8 20단 : 코를 늘리는 6군데 중 1, 3, 5번째만 늘린다(3코 증가).
♥9 21단 : 코를 늘리는 6군데 중 2, 4, 6번째만 늘린다(3코 증가, 120코).
　　모자 윗부분을 더 둥글게 하고 싶으면 19~22단을 3코씩 늘린다.

[모자 옆부분]

♥1 콧수 증감 없이 18단을 뜬다(개인 취향에 따라 가감).
　　O, 2번 코부터 +19회, 20번 코에 †, (+19회, †) 4회 반복, +19회, 1번 코에 †, 첫코에 빼뜨기(120코)한다.
♥2 베이지색으로 바꾸어 나뭇잎 무늬를 넣는다.
♥3 베이지색으로 3단을 더 뜬다.

[모자 챙부분]

♥1 아사코 네이비색으로 바꾸어 윗면 뜨는 방법으로 6군데를 늘리면서 16단을 뜬다.
♥2 베이지색으로 바꾸어 나뭇잎 무늬를 1단 뜬다.
♥3 다시 아사코 네이비색으로 바꾸어 3단을 늘리면서 뜬다.
♥4 마지막 단은 되돌아 짧은뜨기로 증감 없이 뜬다.

26쪽

오프라의 외출(가방)

동상 이 경 숙

사용실과 사용량 : 아사코 네이비 3볼, 베이지 1볼
부자재 : 가방발, 가죽핸들, 지퍼, 안감
사용도구 : 모사용 코바늘 4/0호
사이즈 : 바닥 18 x 10cm, 높이 17.5cm
난이도 : ★ ★ ★ ☆ ☆

[바닥뜨기]

♥1 아사코 네이비색으로 사슬을 41코 만든다.
♥2 사슬뜨기 1코, 짧은뜨기 41코를 편물의 앞뒤를 돌려가며 18단을 뜬다.
  가방 크기 조절 : 콧수+단수 = 6의 배수-1
♥3 한바퀴 돌며 옆면을 뜰 코를 짧은뜨기로 줍는다(총 120코).

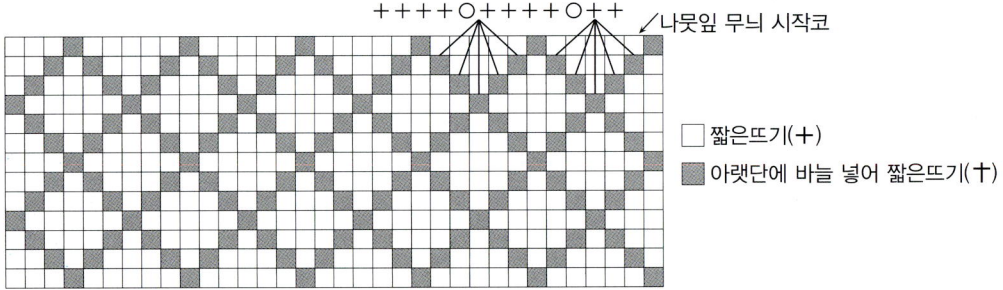

[옆면뜨기]

♥1 ○, 2번 코부터 ++++†, (+++++†) 18회, +++++, 1번 코에 †, 첫코에 빼뜨기한다.
♥2 위 무늬처럼 33단을 뜬다.
♥3 베이지색으로 바꾸어 나뭇잎 무늬를 뜬다.
♥4 위 무늬처럼 10단을 더 뜨고 마무리한다.

[마무리하는 방법]

실을 5cm 정도 남기고 잘라 바늘에 걸린 실을 잡아당겨 뺀다.

첫코에 화살표 방향으로 실을 통과시킨다.

통과된 모습

마지막 코의 뒷면에서 2올을 바늘에 끼워 실 끝을 걸어 뺀다.

나머지 실을 뒷면에서 정리하면 끝부분이 표나지 않게 마무리된다.

28쪽

가을 낙엽 바구니

이 경 숙

사용실과 사용량 : 24합 색사 밤색 330g, 아이보리 25g
사용도구 : 모사용 코바늘 5/0호
난이도 : ★ ★ ★ ☆ ☆

도안보는 법
○ 사슬뜨기
＋ 짧은뜨기
↧ 짧은뜨기로 늘리기
• 빼뜨기

[바닥]
♥1 밤색 실을 두 번 감아 고리를 만든다.
♥2 1단 : ○, ＋7, 첫코에 빼뜨기로 연결(8코)한다.
　고리를 꽉 조이고 실 끝을 1단 안으로 한번 통과시킨 후 잘라낸다.
♥3 2단 : ○, ↧7, ＋1, 첫코에 빼뜨기로 연결(16코)한다.
♥4 3단 : ○, (＋↧) 7회 반복, ＋2, 첫코에 빼뜨기(24코)한다.
♥5 한단에 8코씩 늘리면서 13단 - 아이보리색 1단 - 밤색 4단을 뜬다.
　줄을 맞춰 늘리면 8각이 생기고, 불규칙하게 늘리면 원형이 된다.
♥6 실을 끊고 마무리한 후 다림질한다.

[옆면]
♥1 바닥면의 겉이 위로 오도록 하고 144코를 짧은뜨기로 뜬다.
♥2 증감없이 14단 - 아이보리색으로 나뭇잎 무늬 1단 - 밤색 3단 뜨고 마무리한다.
　○, 2번 코부터 ＋＋＋＋＋, (＋＋＋＋＋＋) 18회, ＋＋＋＋＋, 1번 코에 ＋, 첫코에 빼뜨기하고 단 수만큼 반복한다.
♥3 맨 윗단 옆면에 빼뜨기를 한 줄 하고 마무리한다.

※ 바구니의 크기를 조절할 경우 바닥 마지막 단의 총 콧수를 6으로 나누고, 남는 콧수는 옆면의 첫단을 뜰 때 줄인다.

29쪽

Daily Tread(맨날 밟아!)

동상 이 지 현

사용실과 사용량 : 24합 면사 연두 250g,
아이보리 180g, 하늘 260g
사용도구 : 모사용 코바늘 7/0호
난이도 : ★ ★ ☆ ☆ ☆

♥1 시작 : 사슬 43코를 잡고(6의 배수 +1), 차트를 보고 98단을 뜬다.
♥2 엣징뜨기
  - 1단 : 아이보리 로시로 코에서 43코 짧은뜨기로 뜨고 모서리는 사슬 2코 단에서 86코 짧은뜨기를 한다.

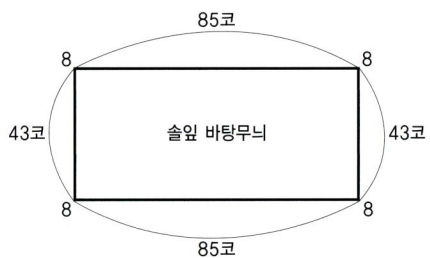

  - 2단 : 연두 24합 면사로 차트를 보고 뜬다.
  - 3단 : 하늘색 24합 면사로 차트를 보고 뜬다.
  - 4단 : 하늘색 24합 면사로 차트를 보고 뜬다.

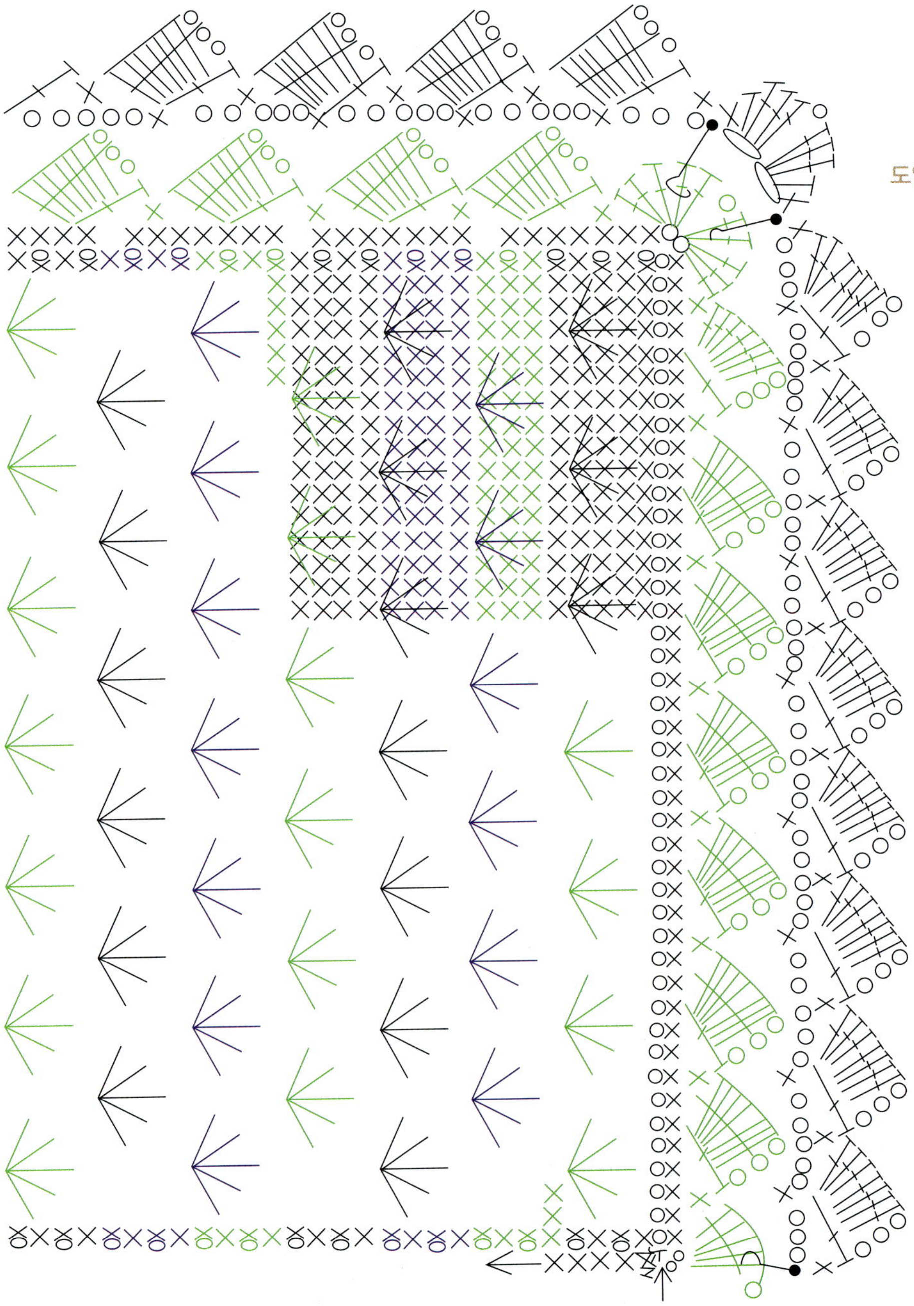

도안

기호 설명

기호	설명
×	짧은뜨기
○	사슬뜨기
▥	1길 긴뜨기 7개
↑	5코모아 짧은뜨기
⌐•	뒷걸어 빼뜨기
•	빼뜨기

30쪽

북유럽스타일 크로쉐 러그
〈블랙홀 다이아몬드〉

동상 장 미 영

사용실과 사용량 : 18합 면사 아이보리, 연분홍, 옥색, 연베이지, 밤색, 초록색, 물색, 검정, 체리, 노랑, 연두 300g씩
사용도구 : 모사용 코바늘 5/0 호

♥1 검정색실(#314)로 사슬 6코를 뜬다.
♥2 6코 중 3코는 기둥코로 하고 1길 긴뜨기 2코를 뜬다.
♥3 ▼실을 끊는다.
♥4 ▼새실을 잇는다. 즉, 베이지색(#306)으로 코바늘 기호대로 뜬다.
♥5 코바늘 기호 도안대로 코너에서 두 코씩 늘려 간다.
♥6 〈차트 1〉의 A부분은 〈차트 2〉의 A대로 색을 바꾸며 뜬다.
♥7 〈차트 1〉의 B부분은 〈차트 2〉의 B대로 색을 바꾸며 뜬다.
♥8 총 87단을 뜬다.
♥9 마지막 단은 검정색실(#314)로 A, B 부분 모두 뜬다(88~89단).
♥10 90단 째에 검정색 실로 〈뒤돌아 짧은 뜨기〉하여 마무리한다.

도안

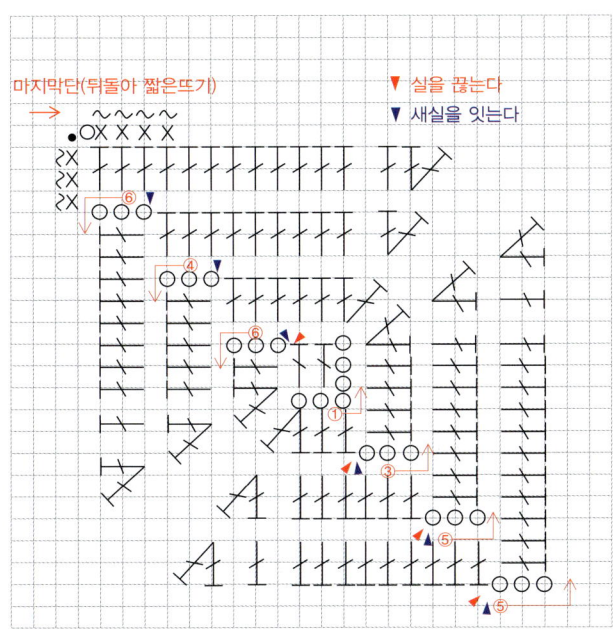

302	309
306	304
316	310
303	318
315	308
317	314

83

31쪽

꽃봉오리 카시트

동상 최 명 옥

사용실과 사용량 : 24합 면사 1,500g
사용도구 : 모사용 코바늘 6/0호

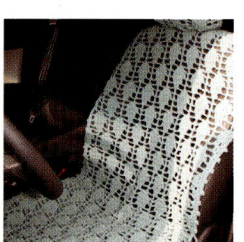

[헤드 도안] 도안

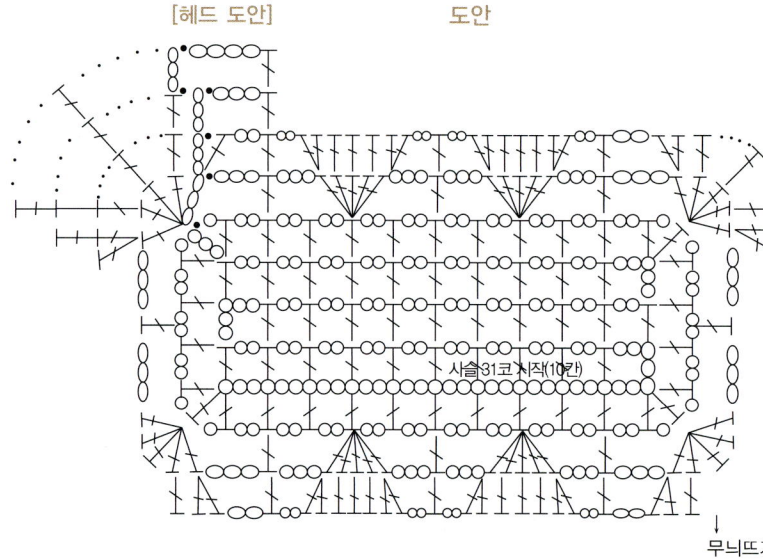

사슬31코 시작(10칸)

무늬뜨기 14단 후

[헤드뜨기]

♥1 사슬 31코 떠서 2코 모눈뜨기로 10칸을
 만든 후 3단을 평으로 뜨고 통으로 뜨기 시작한다.

♥2 모서리 늘림 후 무늬 원통으로 그림같이 뜨기
 시작한다.

23cm 25cm 30cm

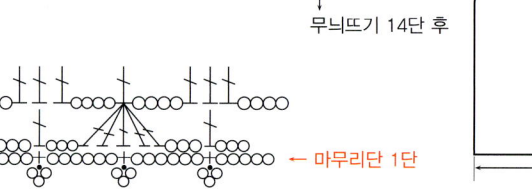

← 마무리단 1단

[헤드 묶는 끈 뜨기]

사슬120코 묶기

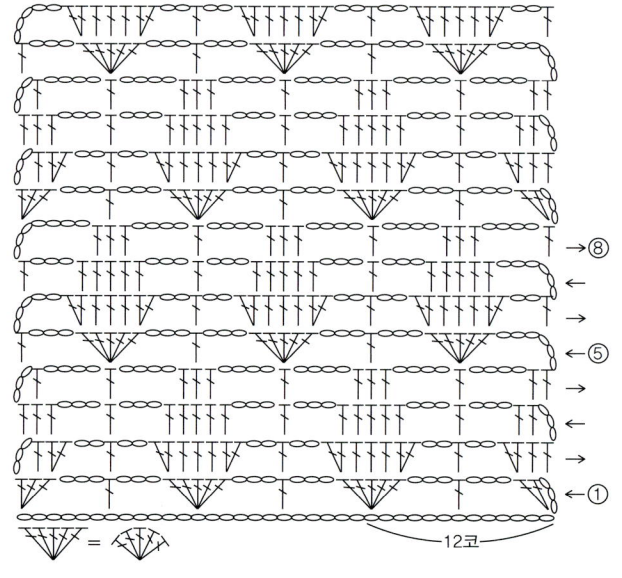

→⑧
←
→
←⑤
←
←
→
←①

12코

무늬 기호
몸판과 헤드 부분 같음

다음 페이지에 계속

[자동차시트 몸체뜨기]

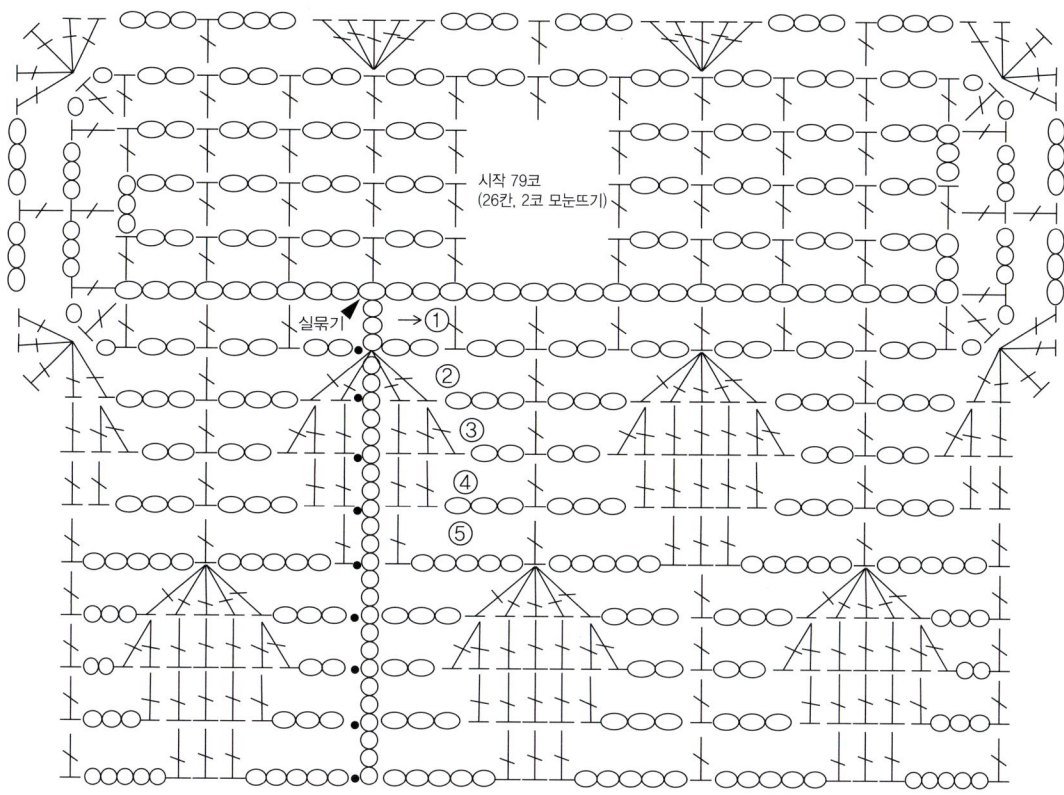

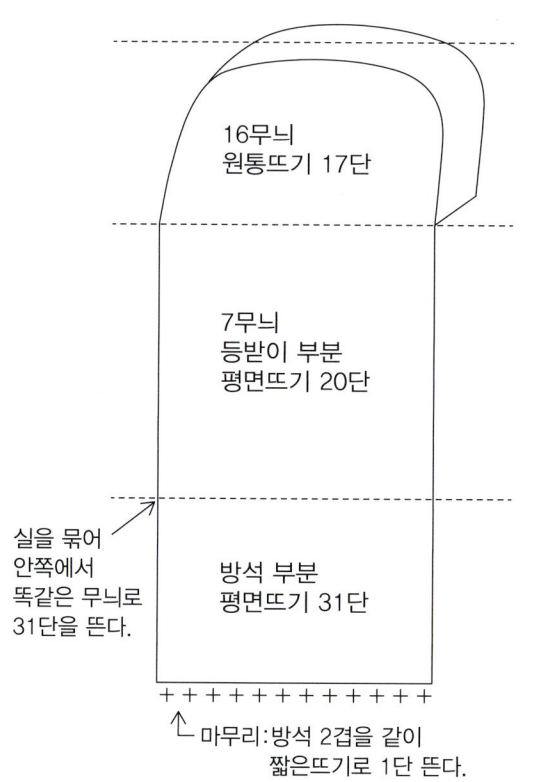

[몸체 뜨는법]

♥1 사슬 79코를 떠서 2코 모눈뜨기로 26칸을 만든 후 3단을 평으로 뜨고 실을 끊는다.

♥2 표시 부분에 실을 묶어 16무늬를 원통뜨기로 17단을 뜨고 실을 끊는다.

♥3 앞쪽 7무늬를 평면뜨기로 51단(등받이 20단 + 방석 31단)을 뜬다.

♥4 도안에 표시된 부분에 실을 묶어 코를 걸어 방석 1장을 더 뜬다.

♥5 방석 2장을 같이 짧은뜨기로 1단 뜬다.

32쪽

맛있는 과일(컵받침과 수세미)

입선 강 동 순

사용실과 사용량 : 18합 면사, 아크릴사 여러 가지 색상

사용도구 : 모사용 코바늘 6/0호

난이도 : ★ ★ ☆ ☆ ☆

도안

[사과(빨강색)]

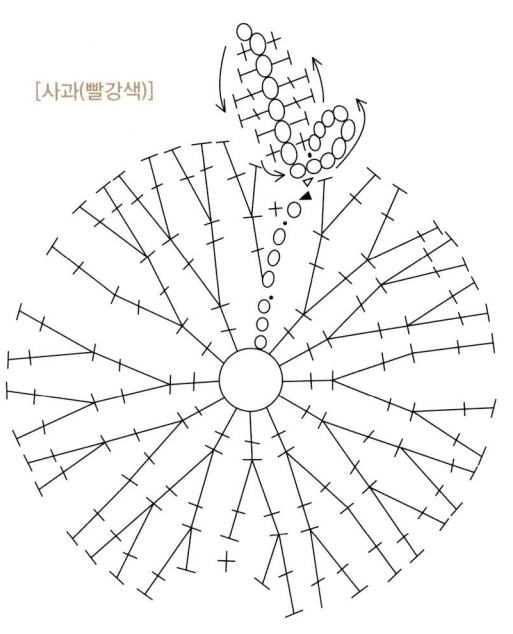

[레몬(노랑색)]

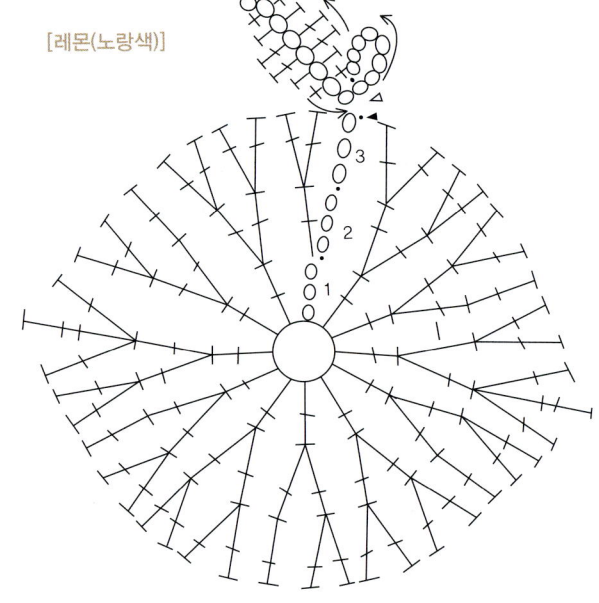

[복숭아(핑크)]

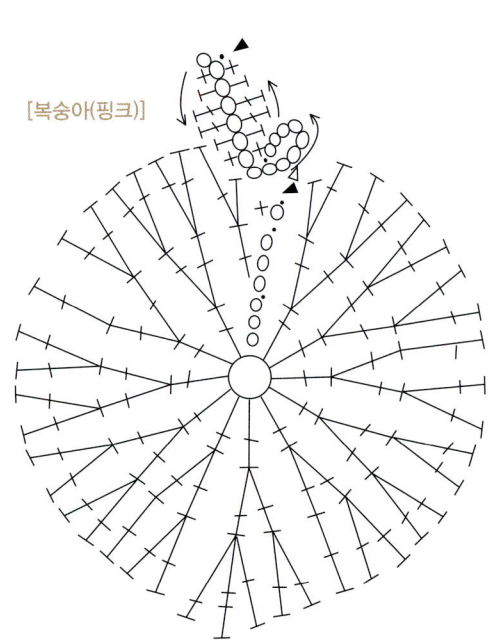

[귤, 오렌지(오렌지색)]

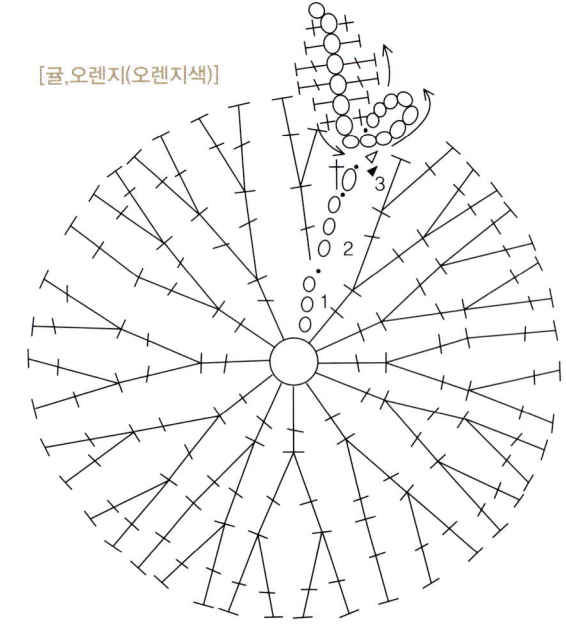

33쪽

봄빛 러그

입선 김 명 옥

사용실과 사용량 : 24합 면사, 노랑 2,000g, 파랑 4,000g
사용도구 : 모사용 코바늘 6/0호

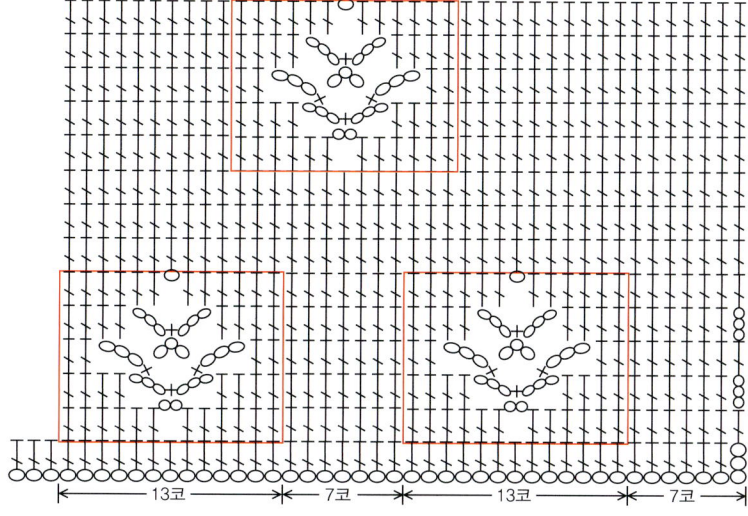

[무늬A]

♥1 노란색으로 사슬 87코를 잡아 1길 긴뜨기를 한단 뜬다.

♥2 1길 긴뜨기 7개 마다 무늬뜨기 4개를 배열한다.

♥3 무늬뜨기가 끝나면 1길 긴뜨기 3단을 뜨고 다시 무늬뜨기를 뜬다.

♥4 반복하여 총 111단을 뜨고 실을 끊는다.

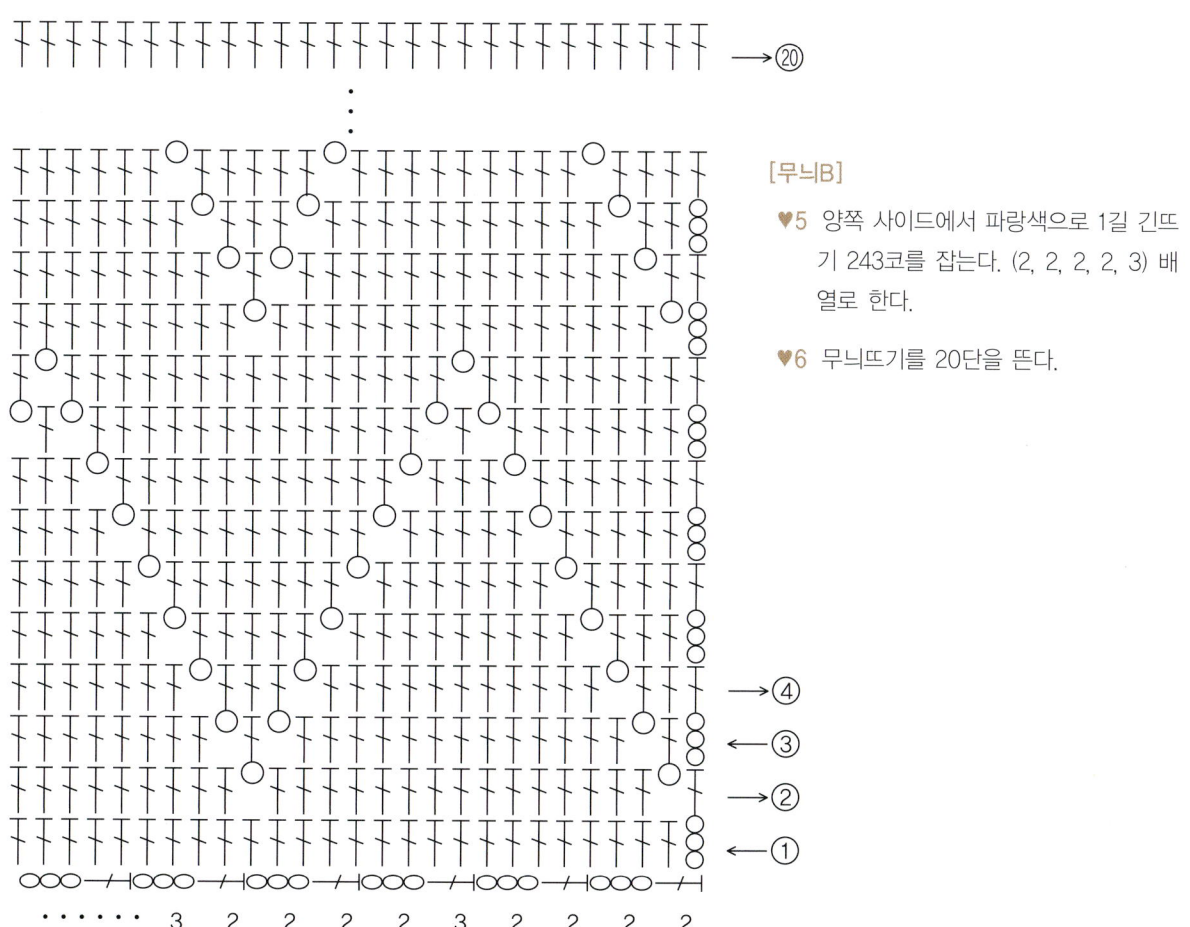

[무늬B]

♥5 양쪽 사이드에서 파랑색으로 1길 긴뜨기 243코를 잡는다. (2, 2, 2, 2, 3) 배열로 한다.

♥6 무늬뜨기를 20단을 뜬다.

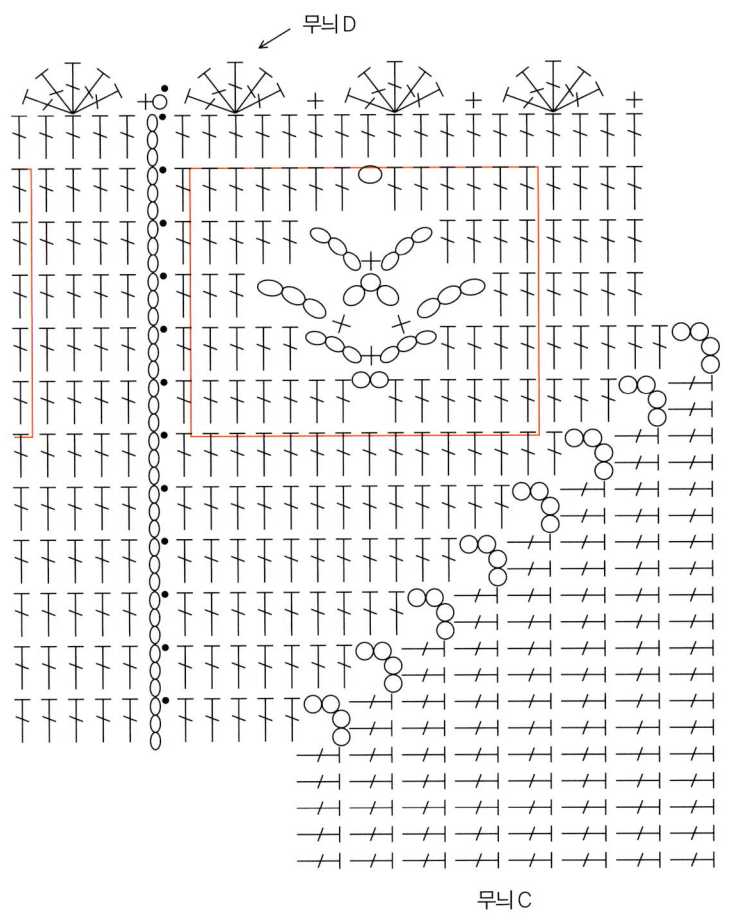

무늬 C

[무늬C]

♥7 가장자리 가로에서 175코, 세로에서 243코를 노란색으로 1길 긴뜨기로 뜬다.

♥8 파랑색으로 1길 긴뜨기 5단을 뜬다.

♥9 무늬를 6코 마다 배열한다.

[무늬D]

♥10 1길 긴뜨기 5단을 더 뜬다.

♥11 노랑 한단, 파랑 한단을 뜨고 엣징을 두른다.

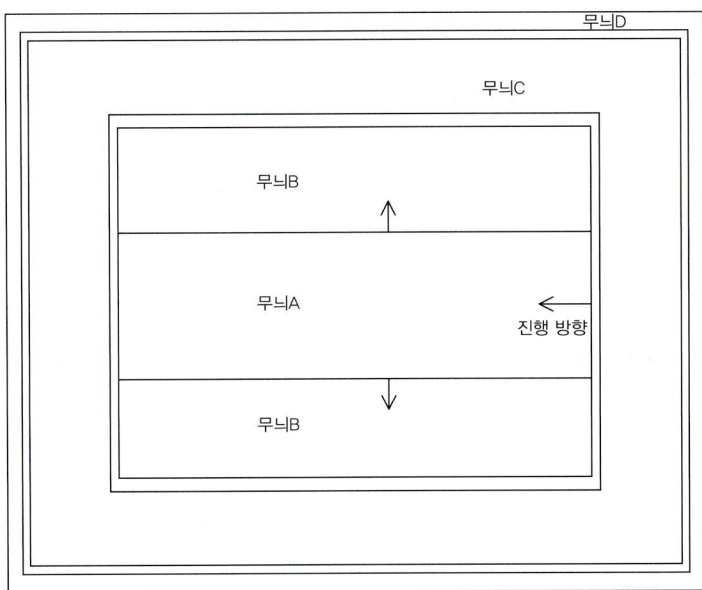

34쪽

빙글빙글 그라데이션 블랭킷

입선 김 은 경

사용실과 사용량 : 아크릴 4가지색 (흰색, 베이지색, 다크베이시색, 진밤색)
사용도구 : 모사용 코바늘 8/0호　**사이즈 :** 지름 120cm　**난이도 :** ★★☆☆☆

♥1 하얀색으로 시작코를 만들어 1단째 사슬코 한코를 뜨고 8코를 짧은뜨기로 뜬다.

♥2 2단째 사슬코 1코를 뜨고, 짧은뜨기 1코에 짧은뜨기 2코를 떠서 코늘림을 해준 다음, 다음 코에서는 긴뜨기를 2코 떠서 코늘림을 해준다.

♥3 베이지색으로 실을 바꾸고 사슬코 한코를 뜨고, 짧은뜨기 한코에 두코를 떠서 코늘림을 해주고, 다음코에 긴뜨기를 두코 떠서 코늘림을 해준다.

♥4 다크베이지, 진밤색도 3번과 같이 뜬다.

♥5 하얀색이 베이지색 위로 코늘림한 코까지 긴뜨기를 해주고, 코늘림을 한 코에서는 코늘림을 해준다.

♥6 베이지색~진밤색도 반복해서 총 40단을 뜨고, 코늘림을 한 다음 다음코에서 짧은뜨기를 1코 떠주고 여분의 실을 남긴 후 실을 자른다(각 색상이 8각형에서 두면이 되게 한다.).

♥7 코늘림을 해준 곳(아무곳에서나 상관없음)에 하얀색으로 3코 사슬코를 만든 다음 같은 코에서 1코를 더 떠 코늘림을 해준다. 다음 코늘림이 오기전까지 긴뜨기로 떠주고, 코늘림을 해준 코에서는 긴뜨기로 2코를 떠서 코를 늘려준다. 끝까지 한바퀴 떠서 돌아온다.

♥8 베이지색으로 엣징을 둘러준 다음 실정리를 해 마무리를 한다.

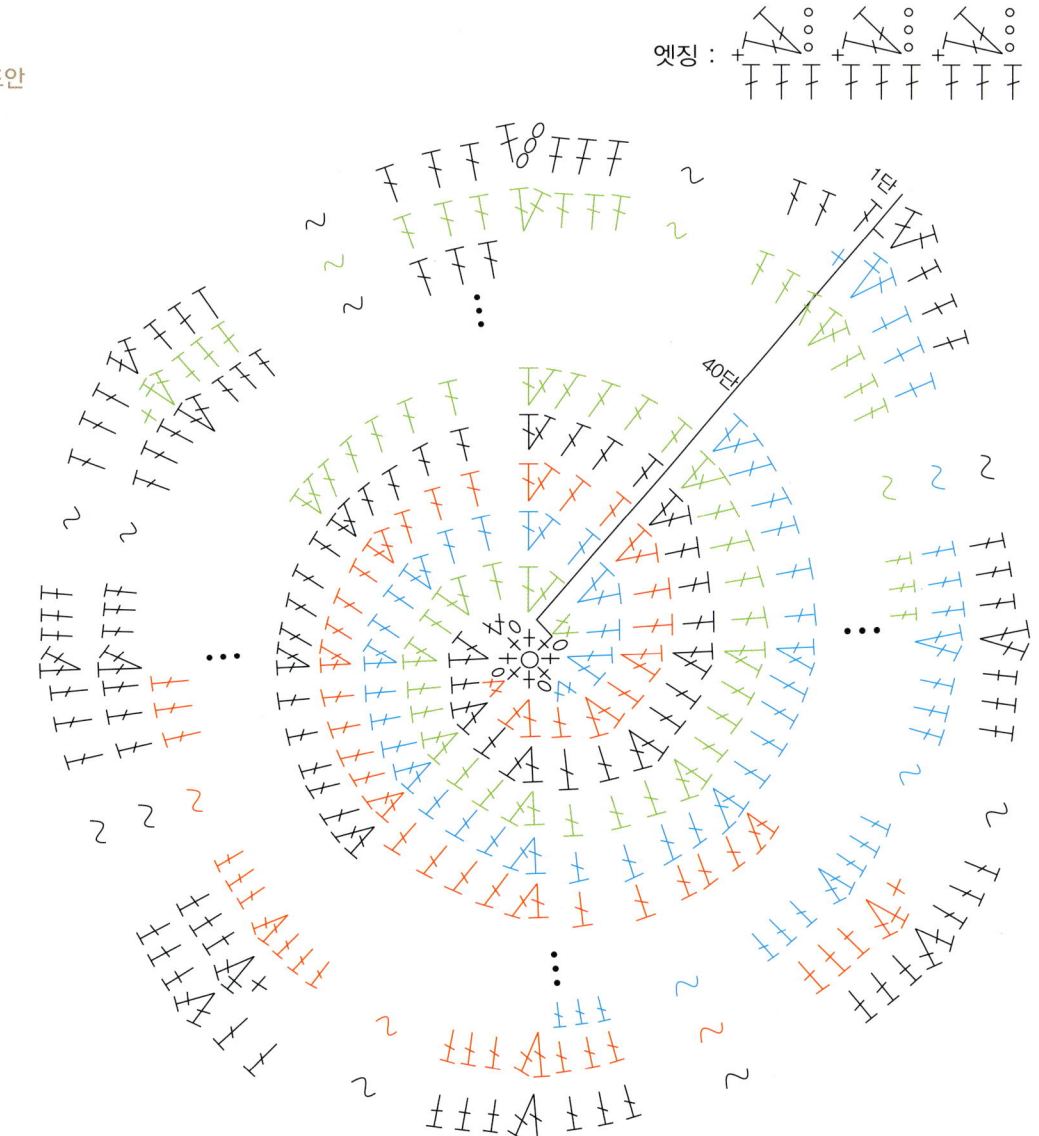

도안

35쪽

시원한 현관 발매트

입선 배 경 숙

사용실과 사용량 : 24합 면사 (연두색 1,000g, 반짝이 1,000g) **사이즈** : 60cm x 26cm
사용도구 : 모사용 코바늘 6/0호   난이도 : ★ ★ ★ ☆ ☆

- ♥1 사슬뜨기를 70코(60cm) 만든다.
- ♥2 반짝이실로 짧은뜨기 10코, 긴뜨기(교차뜨기) 10코, 짧은뜨기 10코, 긴뜨기(교차뜨기) 10코를 반복해서 2단을 뜬다.
- ♥3 연두색실로 짧은뜨기 2단을 뜬다.
- ♥4 높이가 25cm가 될때까지 2번과 3번을 반복한다.

도안

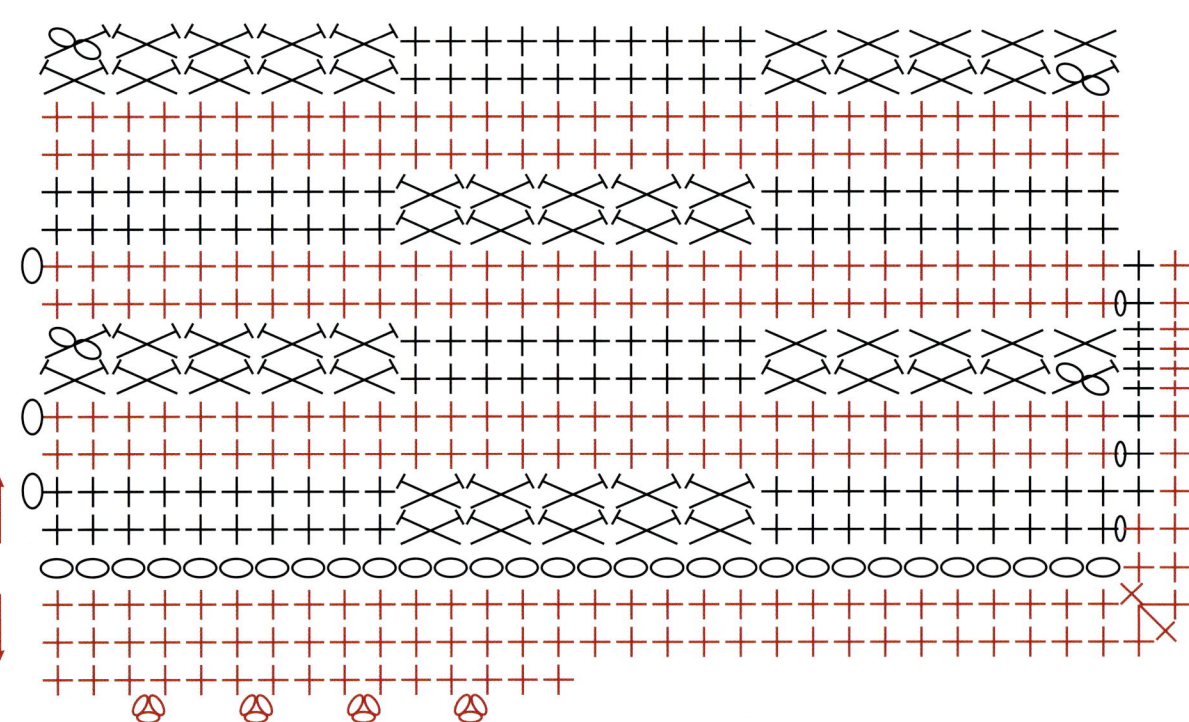

-가장자리 뜨기 : 연두색실로 짧은뜨기를 전체 2단을 뜨고 3번째단에서는 4번째 코마다 피코트 뜨기를 하면서 마무리를 한다.

36쪽

상큼한 모티브 티슈 커버

배 경 숙

재료 : 모사나 울종류 아무것이나 선택해도 됨(단, 같은 굵기로 실을 짜야함)
진달래색 약간, 연분홍 약간(1/2), 검정(1/2), 아이보리나 회색(1/2), 초록색(1/2), 겨자색 1볼
사용도구 : 모사용 코바늘 5/0호
난이도 : ★ ★ ☆ ☆ ☆

♥1 모티브 6장을 똑같이 떠서 사각으로 티슈통 옆면을 돌리면서 한 장씩 잇는다.

♥2 위에는 조금 작은 모티브 8장을 떠서 같이 배색을 맞춰 이어 주면서 티슈가 나오는 부분 11cm 정도는 남기고 잇는다.

♥3 마무리 : 휴지 나오는 입구를 검정실로 짧은뜨기 1줄하고 아래글 전체를 피코트로 마무리한다.

도안

(모티브) 6장

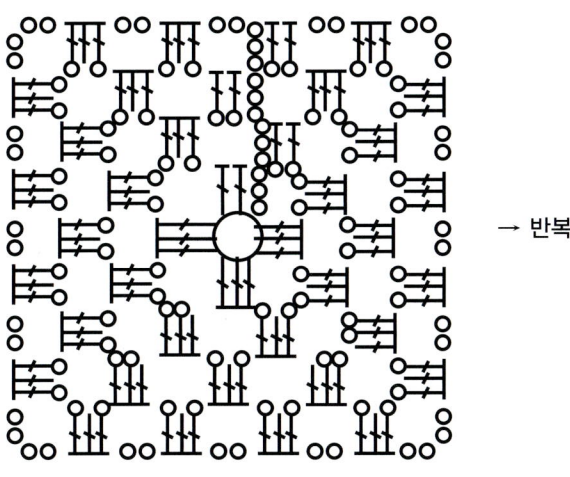 → 반복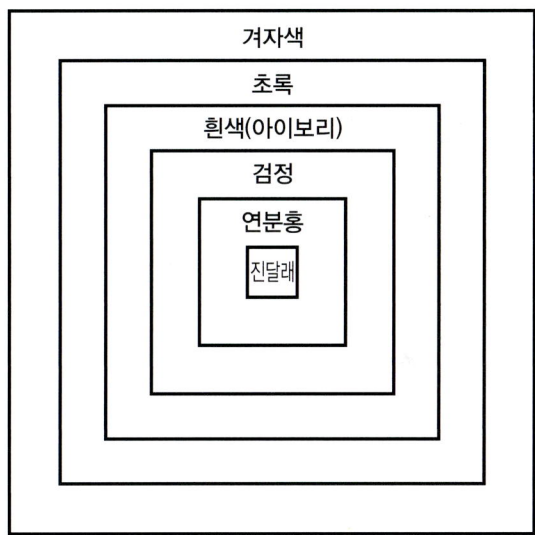

(위에 8장 무늬색)

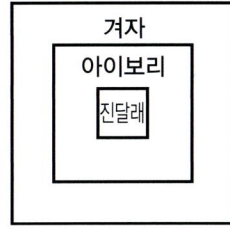  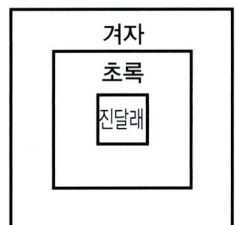 

※ 같은 무늬(색) 2장씩 8장 만들어 색을 교차해서 잇고 전체적으로 아래를 피코트로, 위를 짧은뜨기로 마무리한다.

37쪽

사랑의 꼬불이 소파 커버

배 경 숙

사용실과 사용량 : 24합 면사, 보라 4,000g, 연두 3,000g
사용도구 : 모사용 코바늘 5/0호
난이도 : ★ ★ ★ ★ ★

♥1 검정색으로 구멍무늬로 해서 1길 긴뜨기를 한다.

♥2 배색을 넣어가면서 꼬불하게 돌리면서 1길 긴뜨기를 한다.

♥3 검정색으로 가장자리를 뜨고 마무리를 한다.

도안

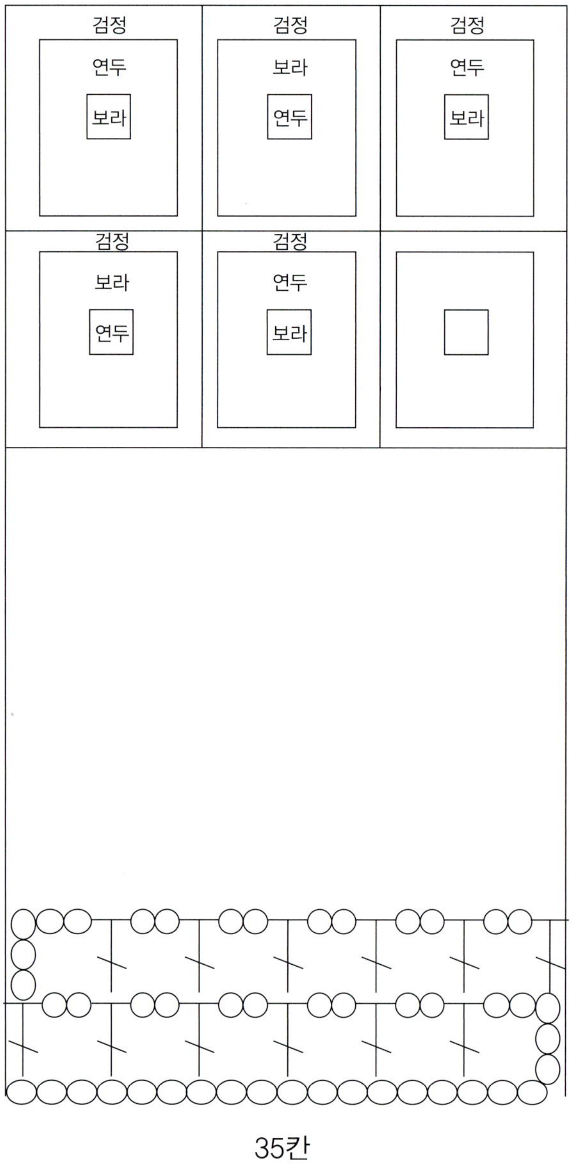

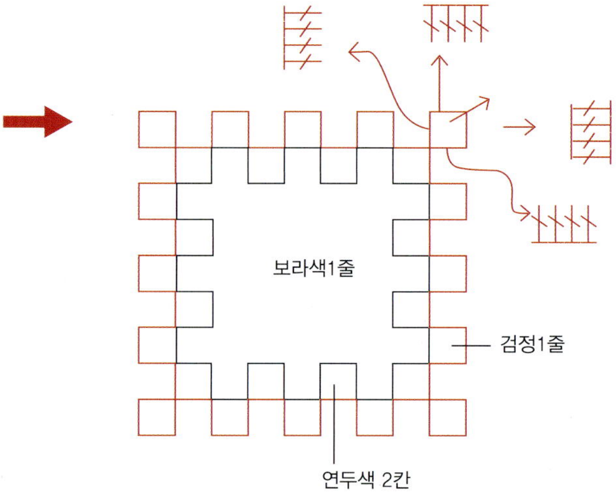

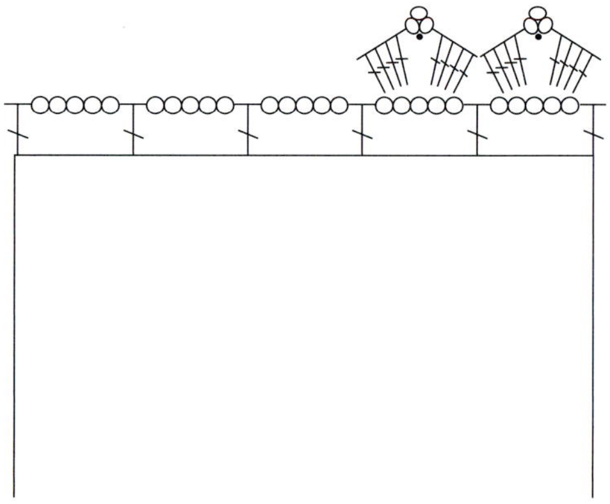

35칸

※ 가장자리
1길 긴뜨기 사슬 5코를 짜서 사슬 5코 구멍에 1길 긴뜨기 4코를 짜고, 피코트 1번, 다시 그 구멍에 1길 긴뜨기 4코를 짠 후 다음 칸으로 건너가서 다시 반복해서 짠 다음 마무리를 깔끔하게 한다.

38쪽

아름다운 사랑의 장미

입선 이 유 진

사용실과 사용량 : 18합 면사 1,000g
사용도구 : 모사용 코바늘 4/0호
사이즈 : 90cm x 70cm
난이도 : ★★★★☆

♥1 모사 4호 바늘로 사슬뜨기 171코를 만든다.

♥2 1길 긴뜨기 1코, 사슬뜨기 1코, 1길 긴뜨기 한코씩 모눈뜨기를 하여 86칸이된다.

♥3 무늬패턴을 참고로 넝쿨 장미로 무늬를 뜨고 무늬뜨기 2로 중간에 큰장미 두 송이를 피워준다.

♥4 53단을 뜨고 무늬뜨기(1길 긴뜨기 3코, 사슬 1코, 1길 긴뜨기 3코) 3단을 떠준다.

♥5 사방을 짧은뜨기로 1단 뜬 후 이랑뜨기로 돌려 뜨면서 레이스 무늬 뜨기로 마무리 해준다.

도안

39쪽

넉넉한 호보백

입선 장 미 선

사용실과 사용량 : 18합 면사 갈색 800g
부자재 : 5cm 나무링 5개, 안감-옥스포드지 1마
사용도구 : 모사용 코바늘 5/0호
사이즈 : 62cm × 33cm
난이도 : ★ ★ ☆ ☆ ☆

도안 1

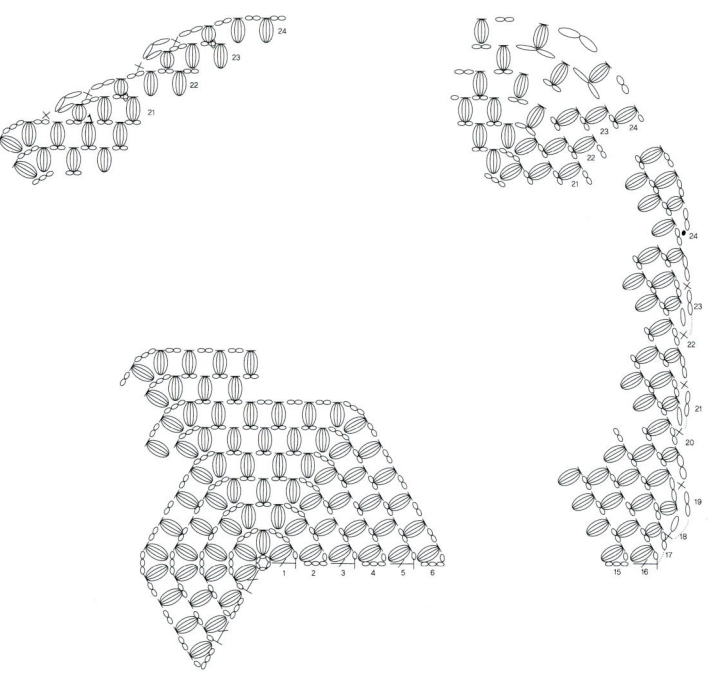

[가방판 뜨기]

♥1 사슬뜨기 6코로 원을 만든다.
♥2 방울무늬뜨기로 1~16단까지 늘임을 반복한다.
♥3 17단 양쪽에서 무늬 1개씩을 줄인다.
♥4 18단 양쪽에서 무늬 1개씩을 줄인다.
♥5 19단부터 양쪽에서 무늬 2개씩을 줄이며 21단까지 반복한다.
♥6 22단부터 반으로 나누어 가방의 중심 부분을 줄여 나간다. 가방의 끝과 동일하게 두 무늬씩 줄여가며 24단까지 뜬다.
♥7 21단~24단은 늘임을 하지 않는다.

[가방 입구 뜨기]

1단, 짧은뜨기로 91코를 뜬다.
2단, 2코 줄여서 89코로 뜬다.
3단, 2코 줄여서 87코로 뜬다.
4단, 3코 줄여서 84코로 뜬다.
(줄일 때 중앙 부분에서 양쪽으로 조금씩 벌여서 줄여주되 동일한 위치를 피한다.)
5단, 증감없이 1단을 되돌려뜨기로 뜬다.

도안 2

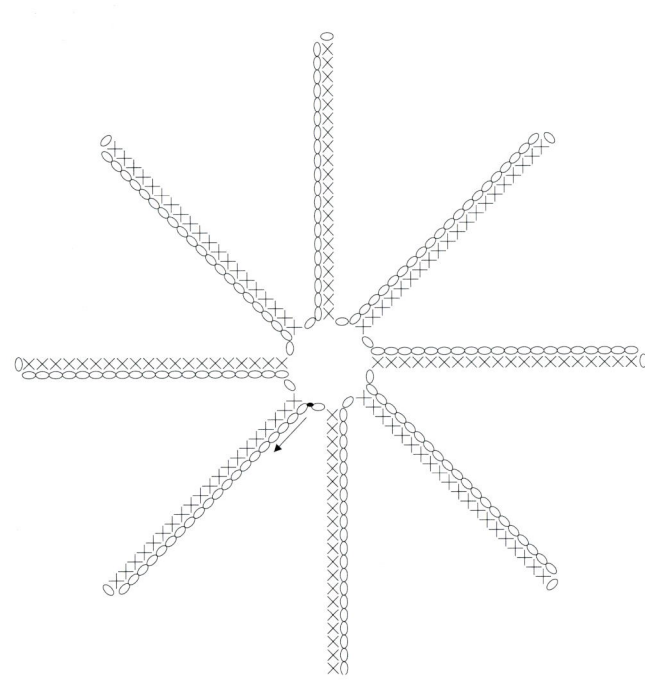

[가방끈 뜨기]

♥1 사슬뜨기 20개, 짧은뜨기 20개를 도안2와 같이 이어서 6개를 뜨고 둥글게 붙인다.
♥2 둥글게 붙인 위로 짧은뜨기 24개를 뜨고 달팽이처럼 시작과 끝을 표시나지 않게 38cm 뜬다.
♥3 1번과 동일한 방법으로 6개의 다리를 뜬다.

[마무리하기]

♥1 가방의 양쪽 판을 맞대어 두 장을 붙인 상태로 바깥에서 짧은뜨기로 둥글게 붙인다.
♥2 가방끈은 나무 고리를 걸고 적당한 위치에 꿰매어 붙인다.
♥3 사슬뜨기 20코에 짧은뜨기 20코로 가방 단추고리를 만든다.
♥4 나무링을 이용하여 단추처럼 달아준다.

40쪽

물병주머니

초청작 홍 명 자

사용실과 사용량 : 꽃병(면사 31g, 자수실 조금) 색동물병(DMC 십자수실 30g)

사용도구 : 레이스 코바늘 2호

- ♥1 짧은뜨기를 둥글게 6코로 시작하여 매단마다 (같은 위치에서) 6코씩 10단을 늘린다.
- ♥2 콧수 증감없이 50단을 뜬다(색동 물병은 십자수 실의 길이(8m) 만큼씩 다양한 색실로 바꿔가며 뜬다.).
- ♥3 10코를 남기고 빼뜨기로 마무리한다.
- ♥4 뚜껑 부분도 1과 동일하게 시작하고, 평단 10단 후에 마지막단 빼뜨기 하면서 콩알 단추를 달아준다.
- ♥5 10코를 남겨 물병 부분에 남긴 10코와 연결하여 준다.

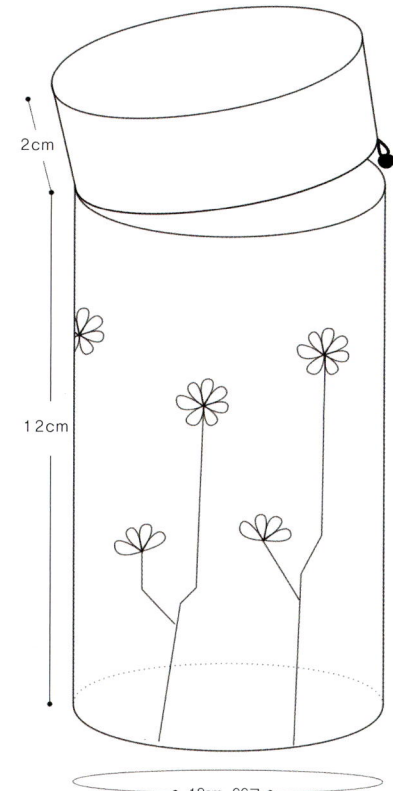

도안

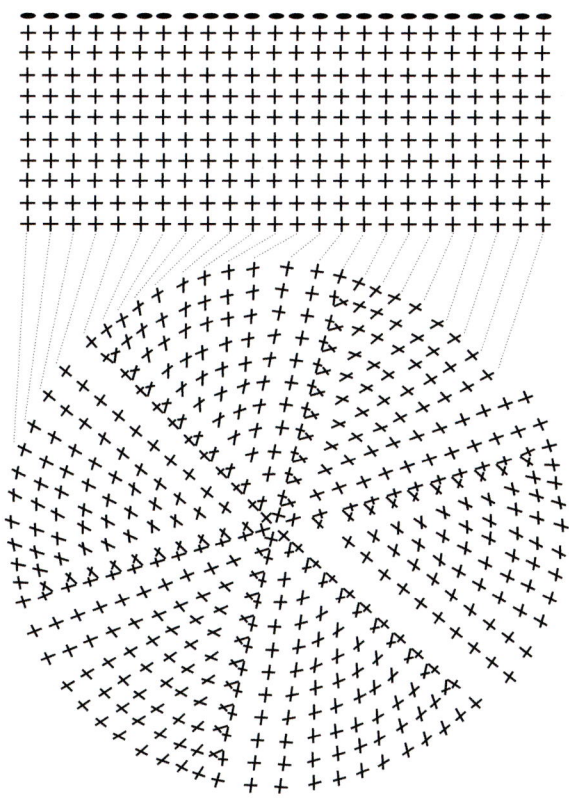

41쪽

심플 미니백

초청작 홍 명 자

사용실과 사용량 : 24합 면사 195g
사용도구 : 모사용 코바늘 6/0호
집게 가방 손잡이 30cm(탈부착 가능)

♥1 짧은뜨기 6코로 시작하여 매단마다(같은 위치에서) 6코씩 8단을 늘린다.

♥2 9단째부터는 〈사슬 2코(9단째만 1코 늘림), 짧은뜨기 8코〉를 21단까지 반복한다.

♥3 사슬없이 짧은뜨기로만(60코) 1단 뜨고, 빼뜨기로 마무리한다.

♥4 꽃장식 리본을 2장 떠서 엮어준다.

도안

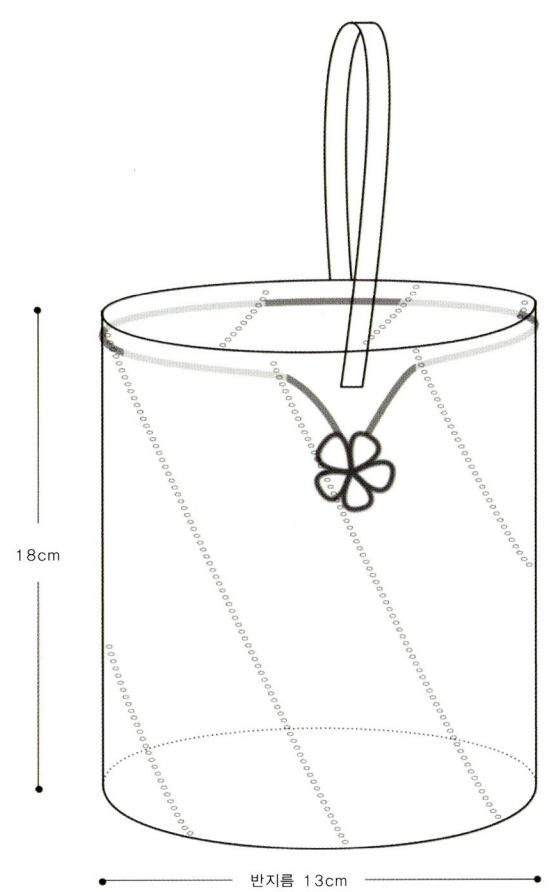

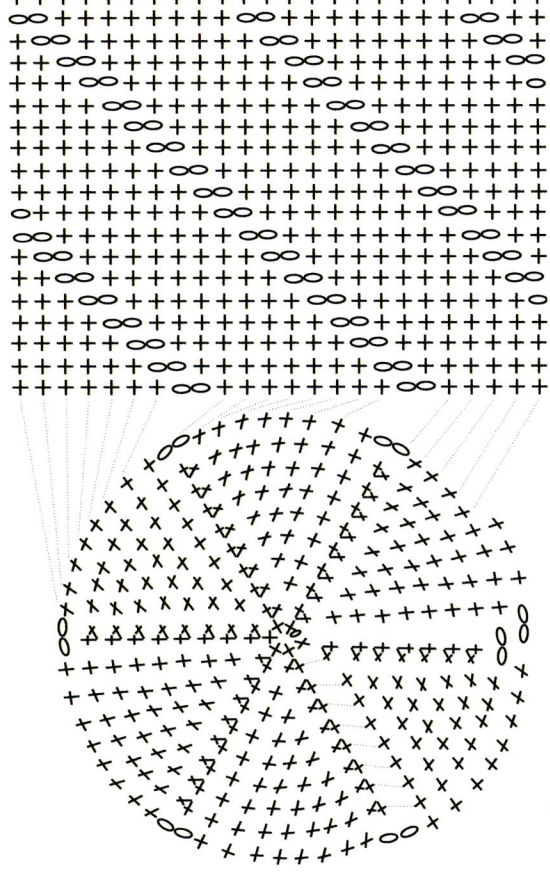

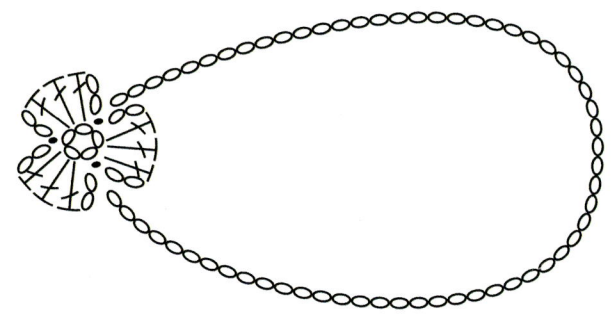

42쪽

허니문 러너

초청작 김 미 정

사용실과 사용량 : 20수 면사
사용도구 : 모사용 코바늘 3/0호

♥1 사슬 112코를 만든다.

♥2 [Main chart]의 무늬를 뜨는데, 1단에서 36단(빨간 박스 부분)까지 3번을 반복하고 나머지 부분을 뜬다.

♥3 처음 사슬코를 잡은 부분에서 반대 방향으로, 사슬코 중심으로 양쪽이 대칭되도록 [Main chart]를 떠준다.

♥4 [Lace chart]를 보며 레이스 단을 만들어준다. 이때 [Lace chart]의 마지막 단을 뜨면서 양끝 뾰족한 모서리 부분에 비즈를 달아준다.

♥5 세탁 후 레이스 무늬를 잘 손질하여 다림질을 하거나 블로킹을 하여 마무리한다.

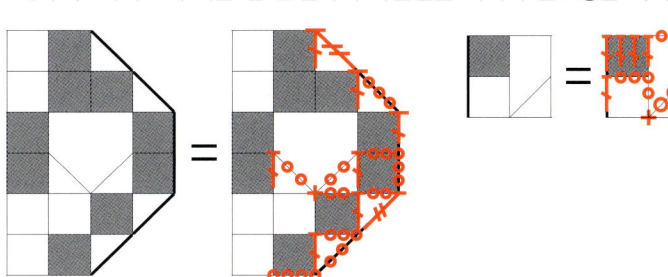

[Main chart]

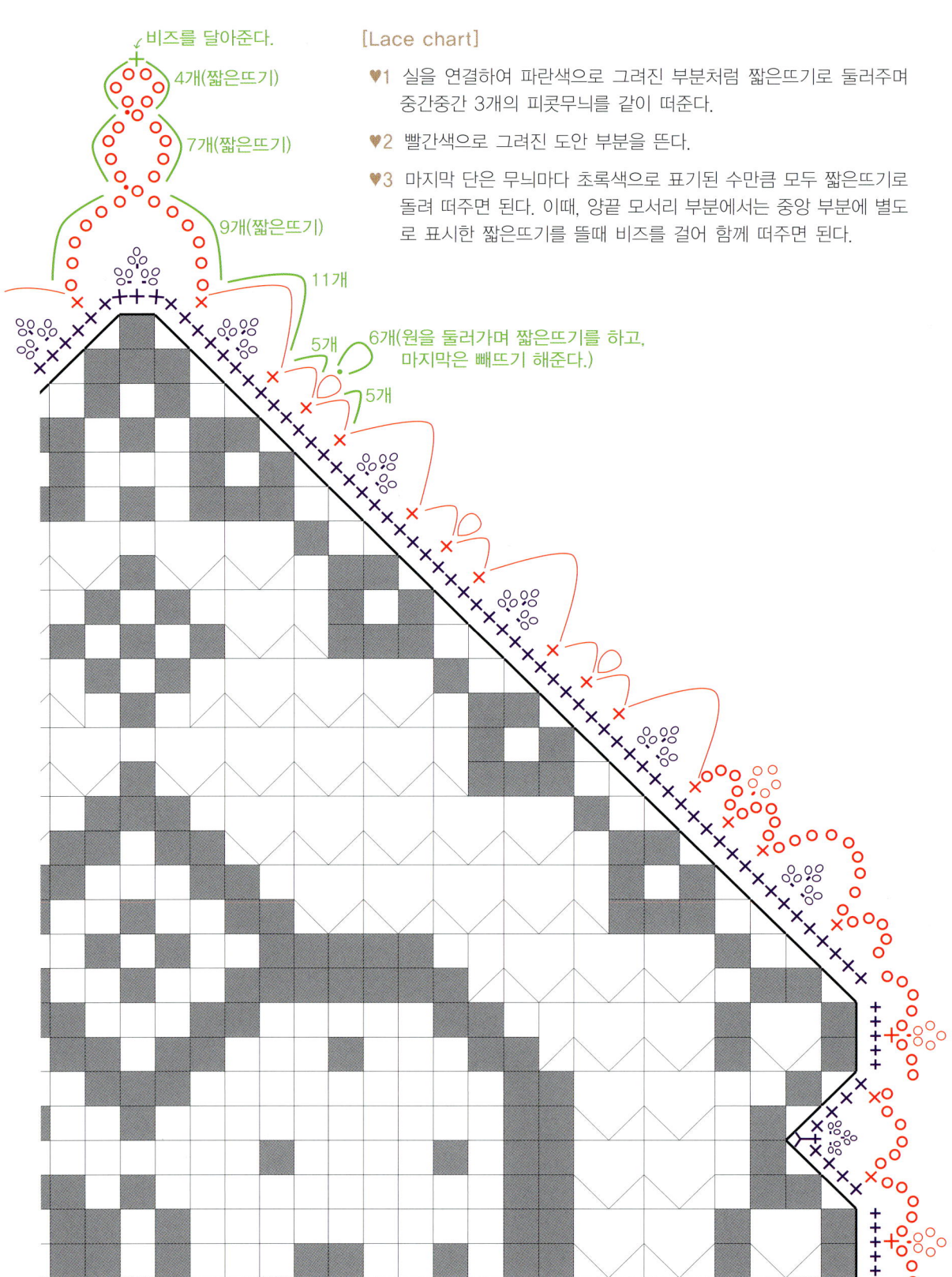

43쪽

스프링 스퀘어 블랭킷

초청작 유 혜 숙

사용실과 사용량 : 빈센트3P(2겹) 연노랑, 노랑, 멜론, 올리브, 다크그린, 그린색 각각 180g씩
사용도구 : 줄바늘 4mm, 돗바늘
난이도 : ★ ★ ★ ☆ ☆

[뜨는법]

♥1 고리를 만들어 5코를 만든다.

♥2 뒷면에서 안뜨기로 뜬다.

♥3 3단에서 바늘비우기로 9코를 만든다.

♥4 뒷면에서(4단째) ─│─│─│─│─│─│ 로 뜬다.

♥5 5단에서 ─○│○│○│○│…○│─ 이런 순서로 코늘림을 한다.

♥6 꽃잎 모양을 4개가 되도록 코의 수를 나누고

　　──○○───○○───○○───○○──
　　　　　　↓
　　　　꽃대(중심코)

♥7 꽃잎 중심코에 양쪽으로 ○(바늘비우기)를 11코 될때까지 늘려준다.

♥8 꽃잎의 11코로부터는 줄이기를 시작하면서 모양의 흐트러짐이 없도록 꽃모양의 양쪽에 바늘비우기로 코를 늘려준다.

♥9 꽃잎의 마지막 줄이기는 무늬로 3개가 남았을 때 3코 모아뜨기로 꽃잎 모양을 끝내준다.

♥10 마무리를 할때는 ▢ 모서리마다 사슬 2개씩을 뜨면서 덮어씌우기로 마무리한다. 이때 바늘비우기 코는 꼬아뜨기(ଌ)를 한다.

B	F	C	D	E	B	F	A
D	A	D	F	C	E	B	D
C	E	B	E	A	D	A	F
F	B	E	A	F	C	D	B
A	D	A	C	B	F	C	E
E	C	F	B	D	A	E	C

A 2760 연노랑
B 2751 노랑
C 2761 멜론
D 2771 올리브
E 2772 다크그린
F 2746 그린

44쪽

핵사곤 블랭킷

초청작 유 혜 숙

사용실과 사용량 : 빈센트3P(2겹) 진체리 60g, 핑크 180g, 불노랑 120g, 그린 240g씩

사용도구 : 모사용 코바늘 6/0호

모티브 : 70장

난이도 : ★ ★ ☆ ☆ ☆

패턴대로 뜨되 4단째 짧은뜨기를 할때 3단의 중심코에 길게 걸어뜨기를 하는 것을 주의하면 된다.
(시작은 고리를 만들어 패턴대로 뜨고 잡아 당겨준다.)

도안

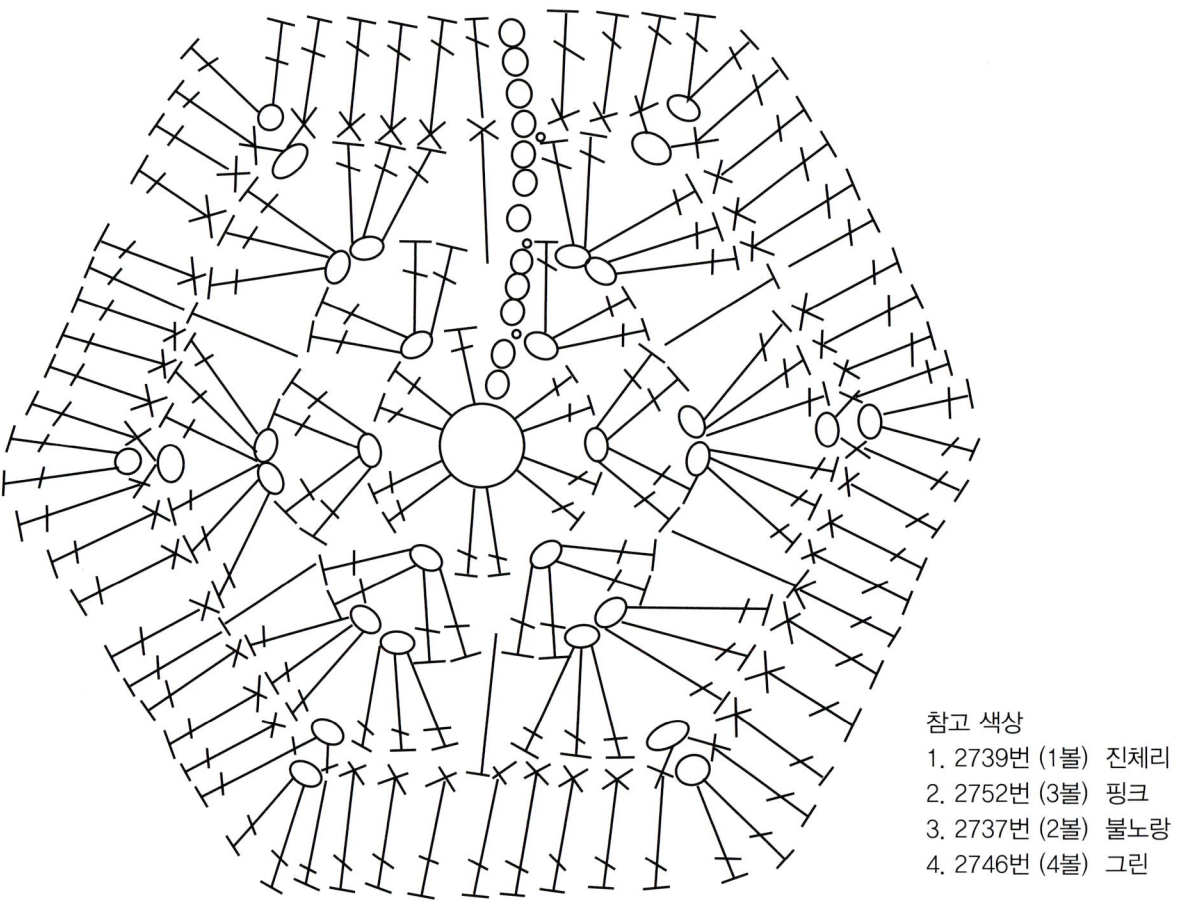

참고 색상
1. 2739번 (1볼) 진체리
2. 2752번 (3볼) 핑크
3. 2737번 (2볼) 불노랑
4. 2746번 (4볼) 그린

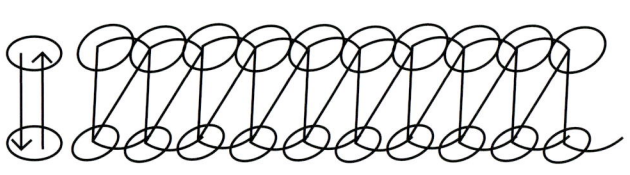

모티브의 연결은 그림처럼 돗바늘을 사용한다(공구르기 바느질법).

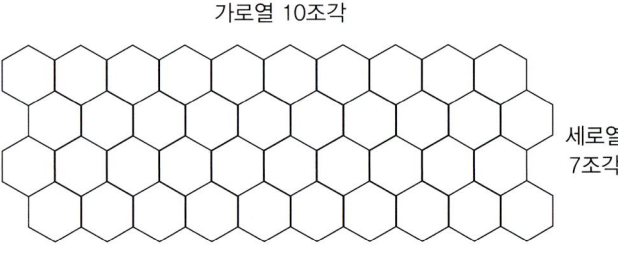

가로열 10조각

세로열 7조각

모티브 70조각

45쪽

바바리안 블랭킷

초청작 유 혜 숙

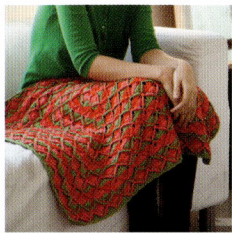

사용실과 사용량 : 빈센트8P 빨강 240g, 진핑크 240g, 올리브 240g씩
사용도구 : 모사용 코바늘 3/0호
난이도 : ★ ★ ★ ★ ☆

사슬 4개로 시작하여 패턴대로 뜬다. 중요한 포인트는 마지막 섹션을 뜰때 표시된 그림대로 뜨면 정사각의 모양이 나온다.

※ 모든 무늬는 2길 긴뜨기로 뜬다. 표 안의 숫자는 2길 긴뜨기가 들어가는 숫자이며 ▲표시는 실을 이어서 시작되는 것이며 ●표시는 빼뜨기 기호입니다.

도안

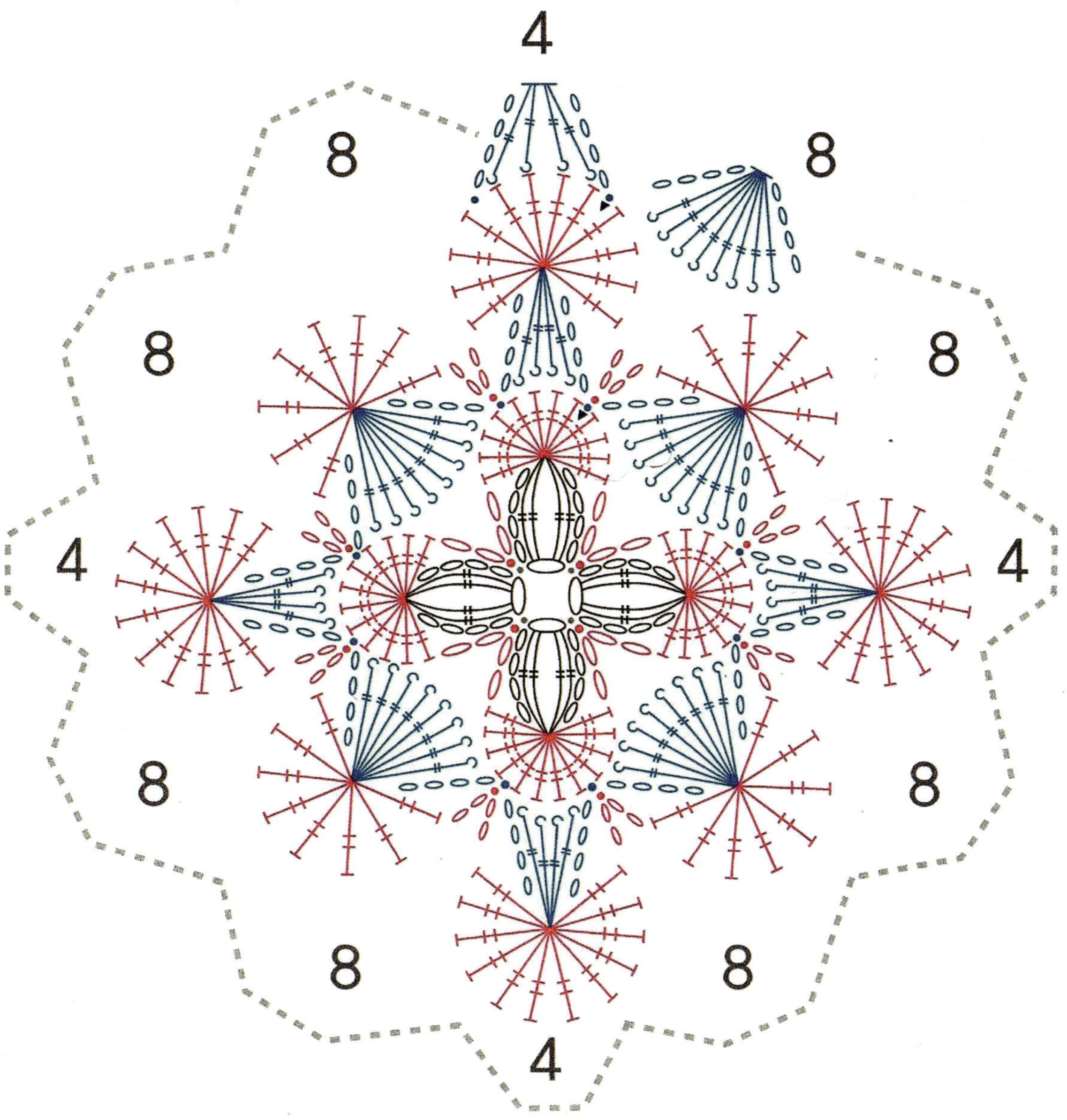

46쪽

빈티지 블랭킷

초청작 한 재 선

부자재 : 모사 11가지(군청색, 보라색, 핫핑크, 벽돌색, 주황색, 초록색, 연두색, 카키색, 옥색, 라임색, 베이지색)

사용도구 : 모사용 코바늘 6/0호

사이즈 : 92cm X 92cm

난이도 : ★ ★ ☆ ☆ ☆

원형코로 시작하여 도안대로 뜨면서 원하는 길이만큼 5단, 6단의 무늬를 반복(색 배색은 군청색→보라색→핫핑크→벽돌색→주황색→초록색→연두색→카키색→옥색→라임색→베이지색 순으로 함)한다.

주의 : 배색하는 실들은 굵기가 같은 실을 이용한다.

도안

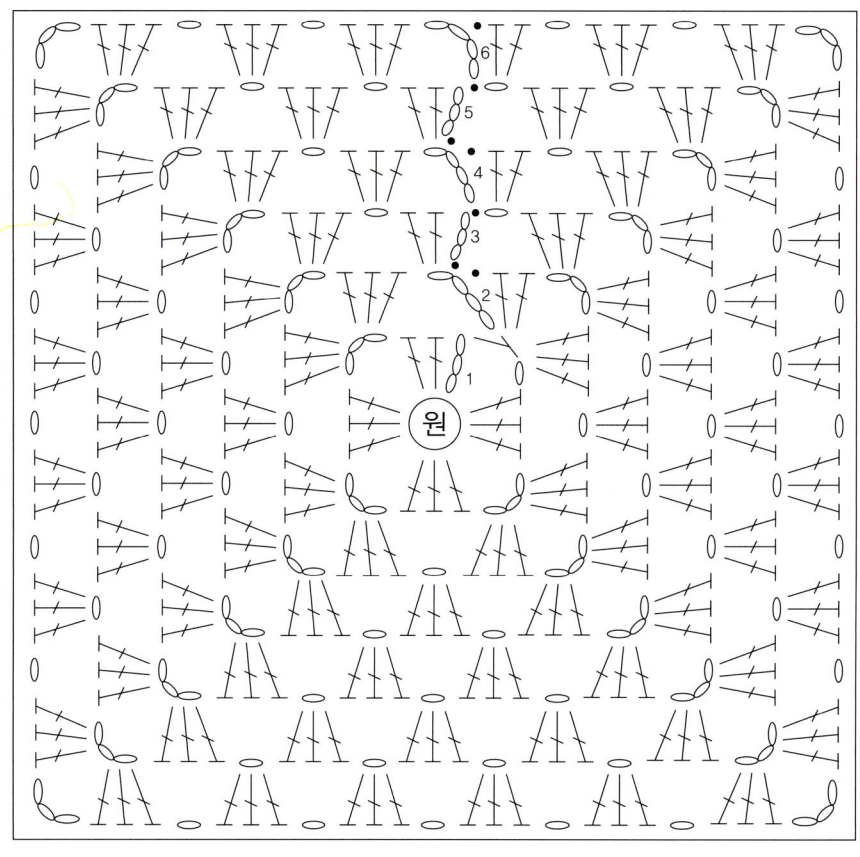

초보 뜨개 Tip1. 이 블랭킷은 한가지 색으로 뜨는 것보다 갖고 있는 여러 가지 색상의 실을 이용하면 다양한 느낌의 블랭킷으로 완성할 수 있다. 파스텔톤의 색상을 이용하면 사랑스러운 느낌이 나고, 강렬한 색상을 이용하면 화사한 느낌이 나며, 5가지 색상 이하로 배색하면 좀 더 차분한 느낌이 난다.

초보 뜨개 Tip2. 배색할 때는 1단이 끝나고 마지막 빼뜨기 단계에서 배색하는 것이 좀 더 깔끔하다.

47쪽

보송보송 침대매트 & 베갯잇

초청작 함 귀 화

사용실과 사용량 : 21합 면사(매트 3,000g, 베갯잇 1,000g)
부자재 : 2cm 단추 12개
사용도구 : 모사용 코바늘 3/0호
난이도 : ★ ★ ☆ ☆ ☆

[매트]
사슬뜨기 316코를 시작한다. 1길 긴뜨기를 1단 뜬다. 패턴의 반복되는 부분이 12칸이 된다.

[베갯잇]
도안에 표시된 부분을 참고하여 두 무늬를 뜨고 마지막 단을 짧은뜨기로 하면서 단추 구멍을 만든다.

도안

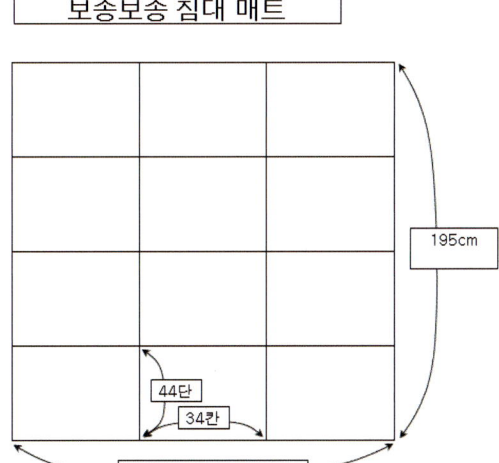

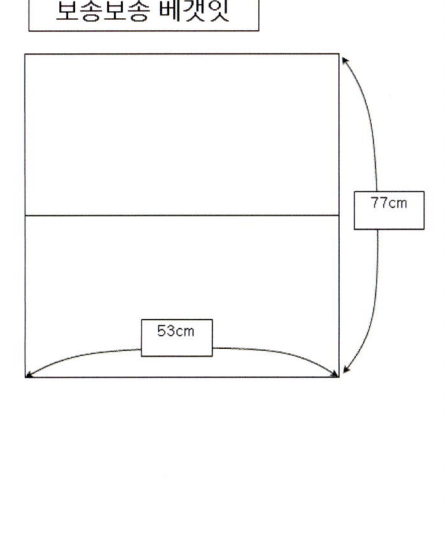

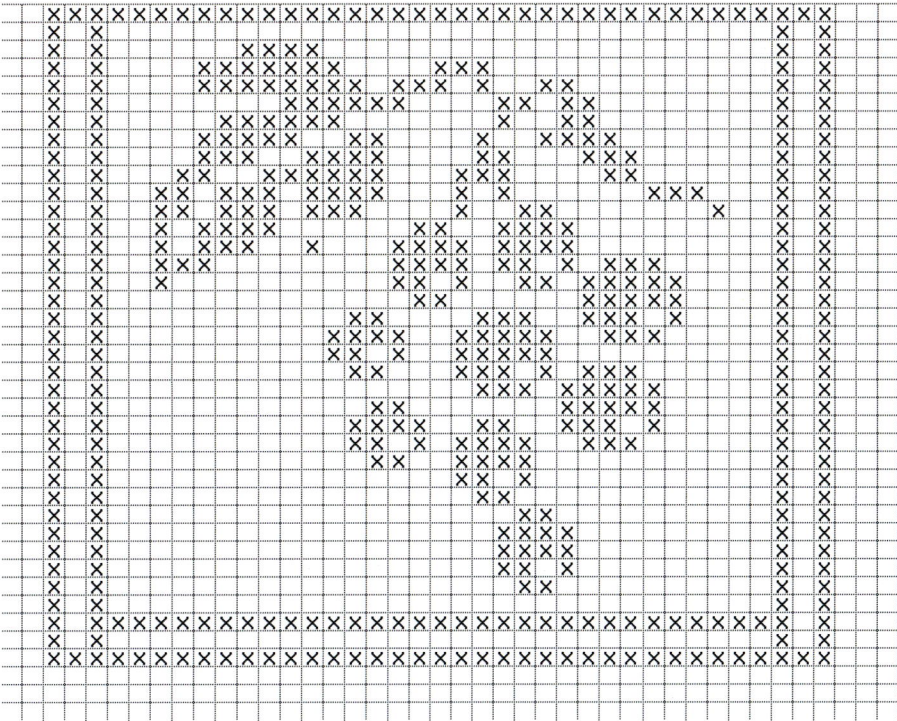

부록

동방콘사

여름 면사 24합, 18합, 12합(콘사)의 지존으로 대한민국 여름 면사의 진정한 강자이다.
18합 소콘을 최초로 개발하여 배색을 자유롭게 만든 여름 면사(콘사)로
24합 원사(무색) 및 색사(33색-금사, 은사 포함), 18합 원사(무색) 및 색사(25색),
12합 원사(무색) 및 색사(18색), 18합 인견콘이 있다.

와이키키

부드러움과 찰랑거림의 대표주자로
봄 여름철 최고의 소품 및 의상 재료이다.

아사코

지난 여름 뜨개시장 전체를 들썩였던 프라다 가방의 원조 재료로
레이온 100%이기 때문에 감촉이 부드러우면서도 질긴 특성이 있다.
그 명성은 올해도 계속될 전망이다.

캥거루 5호(24합) 콘사

무게를 가볍게 한 여름 면사(콘사)의 뉴 페이스로
면사는 무겁다는 인식을 단번에 날려버리며 최고의 화재를
몰고 온 여름 면사(콘사)의 반항아이다.
5호(24합) 원사-무색 및 색사(19색), 5호(24합) 반짝이 색사(15색)
(금펄, 은펄 혼합사)가 있다.

스타킹(반짝이) 스타킹(무색)

두꺼운 소품 소재의 대명사로

반짝이와 단색(투톤)을 접목하여 지난 여름 최고의 스타가 된 것이다.

코바늘10호나 12호를 사용하여 작품의 완성 시간 및 완성도를 높인 소재이며,

제1회 소품 공모전 대상 작품의 소재로도 유명하다.

자이언트 24합, 18합 콘사

점박이 색사의 원조로, 검정 점박이와 노랑 점박이 등 원사 전체를 염색하지 않고 합사 방식을 도입하여 색감의 변화와 가격의 우수성을 실현한 여름 면사의 숨은 인재이다.

올 여름 니터들과의 만남을 통해 그 진가를 뿜어 낼 것이다.

24합 원사(무색) 및 24합 점박이(12색상, 금사, 은사, 검정 은사 포함)

18합 원사(무색) 및 18합 점박이(9색상, 금사, 은사 포함)가 있다.

코바늘 뜨기 기호

기호	이름	기호	이름	기호	이름
○	사슬뜨기		1길 긴뜨기 5코 방울뜨기		구멍에 1길 긴뜨기 5코 부채모양 뜨기
+	짧은뜨기		1길 긴뜨기 5코 구멍에 넣어 방울뜨기		1코에 1길 긴뜨기 1코 간격 4코뜨기(셸뜨기)
T	긴뜨기		1길 긴뜨기 5코 팝콘뜨기		구멍에 1길 긴뜨기 2코 간격 6코뜨기(셸뜨기)
	1길 긴뜨기		1길 긴뜨기 5코 구멍에 넣어 팝콘뜨기		1길 긴뜨기 겉으로 걸어뜨기
	2길 긴뜨기		1길 긴뜨기 5코 모아뜨기		1길 긴뜨기 안으로 걸어뜨기
	3길 긴뜨기	V	1코에 1길 긴뜨기 2코 떠넣기		7보뜨기
	4길 긴뜨기		구멍에 1길 긴뜨기 2코 떠넣기		긴뜨기 3코 방울뜨기
	사슬 3코 피코뜨기		1코에 1길 긴뜨기 3코 떠넣기	8	긴뜨기 3코 2단 방울뜨기
	사슬 3코 빼뜨기 피코		구멍에 1길 긴뜨기 3코 떠넣기		이중 방울뜨기
A	1길 긴뜨기 2코 모아뜨기	V	1코에 1코 간격 1길 긴뜨기 2코뜨기	Y	1코 간격 Y자 뜨기
	1길 긴뜨기 2코 구멍에 넣어 방울뜨기		1코에 3코 간격 1길 긴뜨기 2코뜨기	X	2코 간격 X자 뜨기
A	1길 긴뜨기 3코 모아뜨기	W	1코에 1길 긴뜨기 4코뜨기	人	거꾸로 Y자 뜨기
	1길 긴뜨기 3코 방울뜨기		구멍에 1길 긴뜨기 5코뜨기		
	1길 긴뜨기 3코 구멍에 넣어 방울뜨기		1코에 1길 긴뜨기 5코 부채모양 뜨기		

 **손뜨개 소품집**

2013년 7월 25일 1판 1쇄
2019년 8월 25일 1판 3쇄

저자 : 니트러브
펴낸이 : 남상호

펴낸곳 : 도서출판 **예신**
www.yesin.co.kr

04317 서울시 용산구 효창원로 64길 6
대표전화 : 704-4233, 팩스 : 335-1986
등록번호 : 제3-01365호(2002.4.18)

값 **12,000원**

ISBN : 978-89-5649-108-0

* 이 책에 실린 글이나 사진은 문서에 의한 출판사의
동의 없이 무단 전재 · 복제를 금합니다.